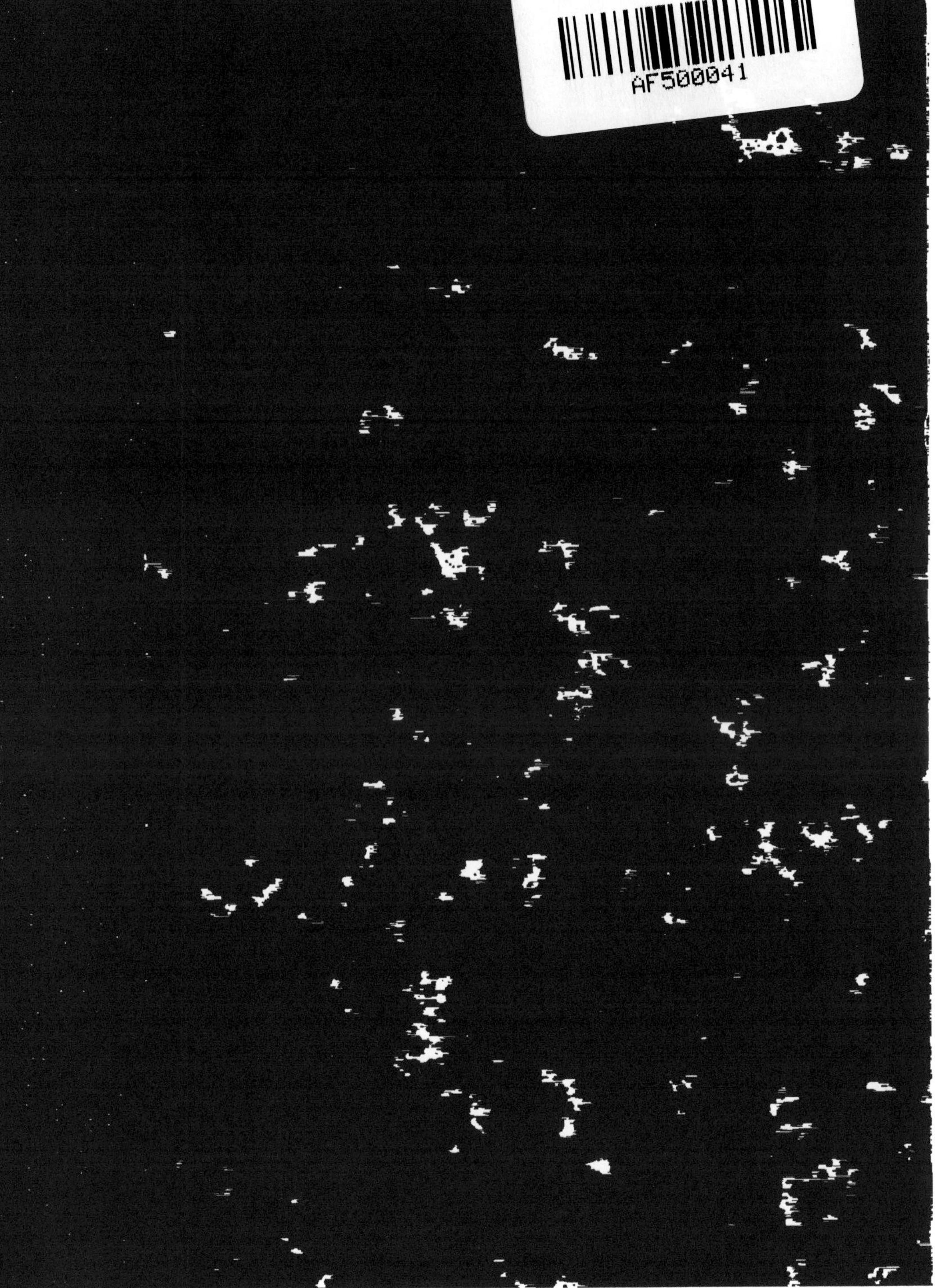

LES SOUVENIRS

D'UN

CANONNIER LILLOIS

Lille. Imprimerie de Mme Bayart, place de Rihour, 11.

LES SOUVENIRS

D'UN

CANONNIER LILLOIS

PAR

H. VERLY.

PARIS

SCHULZ & THUILLÉ, Libraires-Commissionnaires, rue de Seine, 12.

LILLE

J. MINART, Libraire, rue des Suaires, 3.

— 1867 —

LES SOUVENIRS

D'UN CANONNIER LILLOIS.

I

Louis Filtier.

Je nouai connaissance avec Louis Filtier dans des circonstances assez singulières. C'était aux approches de l'hiver, les arbres de l'Esplanade grelottaient sous une bise glaciale qui leur arrachait sans pitié les derniers lambeaux de leur vêtement de feuilles ; je me promenais, hâtant le pas et battant la semelle, — exercice qui me réchauffait les pieds, mais n'empêchait nullement Borée de me mordre le cou et la figure,—lorsque, fatigué de cette lutte inégale, je me décidai à renoncer à mon cigare, silencieux compagnon de solitude, pour relever chaudement le collet de mon manteau fourré. Un vieux pensionnaire de l'hôpital Comtesse, qui avait vu le mouvement, courut clopin-clopant vers le monceau de feuilles sèches sous lequel avait roulé l'objet de sa convoitise, et se mit à le fouiller du bout de sa *crochette*. Il chercha mal, — le froid probablement obscurcissait sa vue, — car un quart d'heure après, repassant au même endroit, je l'aperçus de nouveau occupé à éparpiller le tas des pieds et des mains.

— Eh! bonhomme, lui dis-je en m'arrêtant, il paraît que le tabac n'est pas commun à l'hôpital!

— Pour ça, non, Monsieur, et l'*Ancienne* jeûne plus souvent que les trappistes, allez! répondit-il en touchant d'un geste caressant une vieille pipe qui pendait à sa boutonnière.

C'était pitié de voir ce vieux écarter les feuilles de ses mains toutes bleuies par le vent, et s'acharnant à la conquête d'une si pauvre proie.

— Je gage que ça vous irait d'avoir chaque semaine une petite pitance pour nourrir votre *Ancienne*, pas vrai, mon brave?

— Cré nom! fit-il en se relevant brusquement, vous feriez ça, vous?

— Pourquoi pas? J'ai du plaisir à causer avec les vétérans. Venez me trouver le dimanche, à dix heures, on tâchera de bourrer vos poches.

Pendant que je lui indiquais ma demeure, il me regardait la bouche à demi-ouverte et les yeux clignotants; puis, mettant la main sur sa pipe, il me dit d'une voix moitié narquoise, moitié attendrie :

— C'est pas pour moi, vous savez, c'est pour l'*Ancienne* ! — Et il partit en trottinant.

De ce jour jusqu'à sa mort, Louis Filtier n'a pas manqué une seule fois au rendez-vous. Tout le monde le connaissait chez nous : je peux même ajouter qu'on l'aimait ; aussi n'arrivait-il jamais dans mon appartement qu'après deux stations préalables, l'une à la cuisine, où il dégustait une tasse de bon café chaud — « à la santé des Jacobins », comme il disait, — l'autre à l'office, où il trouvait toujours à la même place un petit paquet de friandises qu'il savait être pour lui. Il montait ensuite, et il prenait si bien son temps qu'il frappait à ma porte exactement à dix heures.

— Pas d'empêchements ? criait-il de sa voix chevrotante.

Je me disais alors, en regardant l'horloge décrépite de Sainte-Catherine : « Bon, voilà Filtier, il est dix heures ; la tour retarde. » Et il entrait, courbé sur sa canne de cornouiller.

Louis Filtier était un peu bancal, infirmité qu'il avait contractée dans sa profession, en tournant dix heures par jour la roue-volant des métiers à retordre le fil ; mais autant qu'on en pouvait juger, il avait dû être dans son temps un solide compère. Le sourire railleur stéréotypé sur ses lèvres minces et le regard aigu de ses yeux gris donnaient à son visage une singulière expression de ruse et d'intelligence. Ses cheveux, je ne les ai jamais vus, — mais il devait en avoir, à en juger par les fils argentés qui erraient çà et là sur les manches de son habit bleu; — sa casquette plate était partie intégrante de sa personne; elle semblait être un développement particulier de son crâne, s'étendant du front à l'occiput; il ne l'ôtait jamais, se bornant pour saluer à en toucher légèrement la visière.

— Bonjour, la compagnie! disait-il en s'approchant du feu. Gueux de temps, il fait un froid de Cosaque!

— Asseyez-vous, Filtier, et prenez une chaude. Comment va l'*Ancienne?*

Il se mettait à rire et nous causions. En fumant lentement sa vieille pipe, qu'il entourait d'une paternelle sollicitude, il m'a conté bien des histoires sur Lille, sur les grandes guerres de la République, sur les misères et les gloires d'autrefois. Je le vois encore, les pieds sur le cendrier, la canne entre les jambes, s'animant aux émotions de ses propres récits, modifiant ses gestes selon la nature de ses souvenirs, le visage tantôt empourpré, tantôt assombri.

Pendant près de quatre années, le bonhomme était venu chaque dimanche s'asseoir sur le vieux fauteuil que je conserve pour cette seule raison; un jour, il ne vint pas. Je courus à l'hospice : Louis Filtier était bien malade. Il sourit en m'apercevant; mais sa voix était si affaiblie que je l'entendis à peine quand il me dit :

— Merci, mon officier; ça m'aurait fait du chagrin de déserter sans vous serrer la main.

— Il a fait son temps, murmura à mon oreille le médecin qui m'avait suivi.

— Pourquoi parlez-vous tout bas, major? demanda le moribond ; est-ce que vous croyez que j'ai peur ? Si vous ne savez pas comment un soldat de la République passe l'arme à gauche, sauf respect, vous n'avez qu'à regarder Filtier !

Quand j'y retournai le lendemain, il me fit, dès mon arrivée, signe de m'approcher de son lit, et d'une voix faible comme un souffle :

— Dites que je ne veux pas qu'on me sépare de l'*Ancienne* dit-il en me montrant sa pipe sous son oreiller ; elle était à Marengo.

Sa volonté fut respectée : Filtier et son *Ancienne* dorment côte à côte dans le même cercueil.

Si vous avez autant d'indulgence pour moi que j'ai de plaisir à parler de ce vieil ami, je vous conterai quelque jour l'histoire du grand bombardement de 1792, telle que je la tiens d'un homme qui a bourré plus d'un canon sur le rempart Saint-Sauveur.

II

1792

Les Préliminaires.

Le 29 septembre 1852, j'attendais Louis Filtier avec une certaine impatience. Je lui avais ménagé une surprise que je savais devoir lui être agréable, et je me faisais d'avance une fête de la joie que j'allais voir éclater sur le visage de ce bon vieux brave.

Sur le coup de dix heures, j'entendis sa canne battre les marches de mon escalier.

— Pas d'empêchements? dit-il en frappant ses trois coups traditionnels.

— Avancez à l'ordre, Filtier!

— Bonjour la compagnie, fit-il en entrant.

Et il vint s'asseoir sur l'antique fauteuil qui lui était réservé.

Il trouvait d'ordinaire à sa portée, sur le coin de mon bureau, une potiche ventrue en faïence bleue de Tournai, remplie de tabac à l'usage de *son ancienne* (on n'a pas oublié que tel était le sobriquet affectueux qu'il avait coutume de donner à sa pipe). Ce jour-là, la potiche était flanquée d'une bouteille de vin d'Espagne et de deux verres, luxe exceptionnel dont le vieillard ne manqua pas de s'étonner.

— Mon vieil ami, lui dis-je, aujourd'hui 29 septembre, nous fêtons le soixantième anniversaire du bombardement de Lille.

Filtier leva brusquement vers moi son visage qui, de pâle qu'il était d'habitude, était devenu cramoisi ; ses lèvres entr'ouvertes tremblaient comme s'il allait pleurer, tandis que ses yeux gris brillaient comme des escarboucles ; il resta muet pendant quelques secondes, puis, appuyant par un mouvement nerveux ses deux mains sur les bras de son fauteuil, il se leva de toute sa taille, sans s'inquiéter de son rhumatisme ni de sa canne qui roulait entre ses jambes, et, prenant de sa main gauche le verre que je lui tendais, il fit de l'autre le salut militaire en s'écriant d'une voix retentissante :

— Vive la Nation !

Et il vida son verre d'un seul trait.

Le vieux soldat était transfiguré. Jamais je ne compris mieux qu'à ce moment la vulgaire métaphore du cheval de bataille qui, entre les brancards du tombereau où l'ont conduit l'âge et la réforme, hennit encore au son de la trompette de combat.

—Crebleu! citoyen, dit-il en se rasseyant, vous pouvez vous vanter d'avoir joliment fait plaisir à un ancien!

—Tant mieux, Filtier, vous avez eu assez de misères dans votre temps pour avoir droit à quelques compensations. Mais, dites-moi, à quelle heure rentrez-vous à l'hôpital?

— Dame! d'habitude je rentre pour dîner, à midi, et je sors après.

— Eh bien! citoyen, si vous voulez nous faire l'honneur de dîner avec nous aujourd'hui, je vais envoyer prévenir que vous ne rentrerez qu'à huit heures; çà vous va-t-il?

— Hein? Qu'est-ce que vous dites?

Il avait bien compris, car il était encore devenu tout rouge de plaisir et ses paupières clignottaient.

— Excusez, dit-il en hésitant, c'est que ça me paraît drôle que des bourgeois invitent le vieux Filtier.... Les bourgeois de maintenant, c'est aussi fier que les *ci-devant* d'autrefois.... Je sais bien que vous.... C'est égal, ça me paraît drôle..... Ainsi, vous consentiriez à dîner avec un pauvre homme?

— Pauvreté n'est pas vice, Filtier; tous les braves

gens sont égaux ; il n'y a que les méchants et les sots qui soient nos inférieurs.

A une heure, Louis Filtier dépliait sa serviette à la table de la famille, et je déclare que jamais convive ne me fut plus agréable à traiter que ce vieux débris des armées républicaines. S'il fut heureux, il n'est pas besoin de le dire : il avait trouvé à qui parler, car mon grand-père, son contemporain, dînait aussi avec nous, et c'était à lui que s'adressaient de préférence les récits du vétéran. C'était réellement un spectacle réjouissant de voir ces deux vieillards, la face animée, se racontant les exploits de naguère, que les arrière-petits-enfants, la bouche ouverte et les yeux équarquillés, écoutaient en retenant leur souffle et en oubliant de manger, tandis que les serviteurs entraient et sortaient sans bruit pour ne pas perdre un mot de ce que disaient ces anciens. Oui, c'était là une chose remarquable, et je ne l'oublierai jamais.

Filtier, je l'ai déjà dit, n'ôtait jamais sa casquette ; c'est pourquoi je n'ai jamais pu voir s'il avait des cheveux ou s'il n'en avait pas ; or, en entrant dans la salle à manger, au lieu de saluer comme tout le monde, il s'était arrêté sur le seuil à la première position du soldat sans armes, et avait exécuté gravement le salut militaire, de sorte que je perdis ce jour-là, et pour toujours, l'espoir de m'assurer de l'état de son cuir chevelu.

Comme le dessert approchait, j'étais allé chercher

derrière les fagots un bon flacon de ce vin pétillant qui ne pousse que dans notre Champagne, lorsque, rentrant, ce que j'entendis me fit dresser les oreilles et marcher sur la pointe des pieds. C'était Filtier qui parlait :

— « J'ai dit et j'affirme qu'il n'était pas plus de onze heures du matin, mon commandant. Je le sais bien, je l'ai vu, je n'étais pas de service ce jour-là : moi j'étais de la compagnie Nicquet, et c'était la compagnie Ovigneur qui était de garde. D'ailleurs, le vieux Vins, le trompette autrichien qui accompagnait le parlementaire, me l'a répété cent fois.

Il y avait déjà une semaine que ces gueux de Kaiserlicks rôdaient autour des remparts, pillant les faubourgs, brutalisant les femmes et forçant les paysans à creuser leurs tranchées. Quand on les voyait de loin arriver sur un village, c'était un *sauve-qui-peut* général; on fuyait jusqu'en ville, car on aimait mieux conserver sa pauvre peau que défendre sa maison. Mais malheur aux traînards : ceux-là payaient pour les autres. Aussi on tenait les portes fermées et les ponts levés, comme vous pensez bien. Mais quand le loup est acculé, il mord; les Lillois, c'est la même chose, et, de temps en temps, nous lâchions dans la campagne une bande de bons *fieus* qui tapaient comme des sourds, histoire d'embêter les ci-devant et de s'entretenir la main. Certains jours, dans l'après-midi, le capitaine Chabot, du 15e de ligne, passait, les mains dans les poches, dans la rue Saint-Sauveur; il s'arrêtait à droite et à gauche, causant familièrement avec les commères du quartier, jusqu'à ce qu'il eut aperçu dans les groupes les gens qu'il cherchait; alors, élevant la voix : « N'ayez pas peur, bonnes mères; l'Autrichien croit nous avaler, mais nous nous mettrons en travers, et sa bouche ne sera plus assez large. *Ce soir, grande partie de trois cents quilles à la porte de Fives!* » On savait ce que cela voulait dire; on prévenait les amis, et, à la nuit noire, trois cents lurons filaient sans bruit par la porte entr'ouverte. On se glissait dans les fossés et derrière les maisons à moitié démolies, puis on tombait sur les avant-postes à coups de piques, sans leur laisser le temps de décharger leurs fusils. En moins de deux heures, le tour était joué.

Ah! c'était un fameux, que ce capitaine Chabot, oui, un vrai républicain : enragé contre l'ennemi, doux comme une fille avec les pauvres gens! A force de *jouer aux quilles,* comme il disait, il a fini par y laisser les siennes. Il est mort comme un brave à la grande sortie du 25 — un mardi. On le rapporta en ville; il demanda à embrasser « *ses trois cents Spartiates.* » Ce fut un dur moment, quand nous défilâmes devant son lit; pour mon compte, j'étais tout chose, j'avais l'estomac à l'envers, on aurait dit que j'avais avalé une gargousse! Adieu les *parties de quilles,* on n'y avait plus de goût.

Cependant, les affaires n'allaient pas tout juste ; nous savions par les paysans qui arrivaient que le pays était rempli de Kaiserlicks et qu'ils avaient chaviré tout le faubourg de Fives avec leurs tranchées et leurs gros diables de canons ; mais il y avait des gens qui regardaient leurs bons remparts si crânement construits par un nommé Vauban, et qui disaient en ricanant :

— Hé ! hé ! il leur faudra une fameuse tarière pour trouer ces cuirasses-là !

Je les regardais avec admiration et respect, disant à mon père, qui était sergent dans les canonniers :

— Voilà des hommes vraiment énergiques ; voilà des patriotes comme il en faut pour sauver la République.

— Tais-toi, imbécile, me répondit-il en me donnant du coude dans les côtes ; braillard rime avec couard.

Je reconnus bientôt que mon père parlait avec sagesse et était un homme de grand sens. »

Ici, Filtier leva son verre et l'on trinqua silencieusement, tant chacun était pénétré de l'importance des événements dont il se préparait à nous entretenir.

III

Le 29 Septembre 1792.

« Le samedi matin, vers onze heures, continua Filtier en s'essuyant proprement les lèvres du revers de sa main, comme nous descendions de garde au rempart Saint-Maurice, voilà qu'on sonne en parlementaire au-delà des glacis. On répond de la porte, et nous voyons un officier autrichien en grand uniforme, accompagné d'un trompette et de trois hussards, arriver sur la route au grand galop et s'arrêter aux ouvrages extérieurs.

— M'est avis, fieu, qu'il ne tardera pas à pleuvoir du fer par ici, me dit à l'oreille le caporal Blanchez.

En ce moment, nous entendions une rumeur lointaine qui croissait à chaque instant, puis qui se changea brusquement en un vacarme d'enfer : c'étaient le colonel Varennes, le capitaine Morand et l'escorte envoyés par le général Ruault qui débouchaient dans la rue Saint-Maurice, entourés et suivis par une foule compacte et hurlante. En moins de rien, la rue s'emplit d'un bout à l'autre.

La porte fut ouverte enfin, et l'on vit le parlementaire, le trompette et les trois hussards, les yeux bandés, apparaître sous la voûte.

— Vive la liberté ! vive la Nation !

Nous étions plus de dix mille à crier cela, et nous n'épargnions pas nos poumons. Je suis sûr qu'à ce moment-là les cinq gaillards avaient froid dans le dos et auraient bien voulu s'en aller, d'autant plus qu'au coin de la rue du Lombard, la vieille Louise Thibault, qui avait eu son fils tué au Pont-Rouge et qui était quasi-folle depuis, tira de son tablier une grosse brique qu'elle lança de toute sa force contre le major autrichien. Ce fut le trompette qui la reçut sur l'épaule, mais il n'osa rien dire. En tous cas, s'ils avaient peur, ils n'étaient pas les seuls, car la vieille fut criblée d'injures par tous les poltrons, qui, espérant qu'on allait rendre la ville tout simplement, se préparaient à faire leur cour aux *ci-devant ;* mais nous n'en faisions que rire, parce que du moment qu'il ne s'agissait que de coups de langue, tous les *ci-*

devant du monde n'auraient pas été de force avec Louise Thibault, qui n'était pas marchande de poisson pour rien.

Pendant ce temps-là, les Autrichiens étaient arrivés à la Mairie. Nous autres, les bons, nous jubilions à l'idée de les voir s'en retourner avec des mines piteuses et allongées, car nous étions bien sûrs qu'on allait leur faire entendre des paroles courageuses et tout à fait dignes de la République, quand le bruit se répandit qu'ils s'en iraient par la porte de Fives. Tout le monde se porta de ce côté-là, de sorte que la rue de l'Abbiette fut bientôt si encombrée qu'on dut prendre les enfants sur les épaules pour les empêcher d'étouffer. Mais ce n'était pas la peine de tant courir, car nous fîmes le pied-de-grue pendant deux grandes heures sans rien voir arriver.

Ça devenait inquiétant ; les patriotes commençaient à murmurer, et ceux qui souhaitaient le retour de l'ancien régime ne se cachaient déjà plus pour se frotter les mains, lorsqu'on entendit crier du côté des Reigneaux :

— Les voilà ! Vive la Nation ! vive la liberté ! mort aux Autrichiens !

C'étaient bien eux. Le fils à M. Saladin marchait derrière et distribuait à pleines mains des cocardes tricolores qu'on attachait avec des épingles sur les habits des Autrichiens qui en furent couverts avant d'arriver à la porte. On riait, on criait, on hurlait tant qu'on pouvait, mais on ne leur fit pas de mal, et ils étaient déjà loin qu'on riait et qu'on criait encore.

Tout à coup, voilà qu'on entend un tintamarre de tous les diables et que les cheminées, les tuiles, les ardoises, les carreaux commencent à dégringoler. Les uns se sauvent comme s'ils devenaient fous, les autres restent tout bêtes à se regarder, les femmes pleurent, les enfants crient, les hommes jurent; on ne sait à qui entendre, chacun court pour son compte, on se bouscule, on se renverse, on s'écrase : on aurait dit la fin du monde.

— Aux armes !

— Aux pompes !

— Il faut ouvrir les portes ! A bas les patriotes !

— Aux remparts, voilà l'assaut !

— Sauve qui peut ! Gare la bombe !

Il venait justement d'en tomber une au beau milieu du carrefour du Priez; mais elle n'éclata pas : la mèche, mal préparée, s'éteignit par la secousse. N'importe, elle produisit son effet, et en un clin-d'œil tous les propres-à-rien détalèrent, les talons dans le dos.

En les voyant courir comme des dératés, je me rappelais les paroles de mon père au sujet de tous ces fanfarons et je constatais avec orgueil qu'il était homme judicieux autant que fin canonnier. Mais je n'eus pas le loisir de réfléchir longtemps, car voilà M. Welcomme, le commandant du 11e de la garde nationale, — un homme superbe, avec une belle figure bien rouge, portant son uniforme si grassement et si majestueusement qu'on aurait dit un suisse de cathédrale,—le voilà, dis-je, qui sort de chez lui et qui nous crie, tout en soufflant et en trottinant :

— Arrivez, garçons, arrivez ; ça va mal du côté de la Commune : on bat la générale !

Nous autres, nous n'avions rien entendu à cause de la pétarade des remparts, mais nous nous mîmes.tout de même à suivre de confiance ce brave M. Welcomme. Quand je dis suivre, c'est une manière de parler, parce que sa bedaine étant d'un transport difficile, nous arrivâmes cinq bonnes minutes avant lui.

Ça n'allait pas trop bien, en effet. Sur la place et devant la Commune, des groupes de gens qui n'avaient pas l'air de bonne humeur regardaient de travers les patriotes, les canonniers Nicquet et les gardes nationaux, lesquels ne se gênaient pas pour crier : Vive la Nation ! mort aux Autrichiens ! — Fallait pas être malin pour voir que ça allait se gâter.

Au moment où nous passions devant la *Barque-d'Or*, nous voyons arriver le *Sot-Cailleau*, coiffé d'un bonnet rouge, s'amusant, avec son rire d'innocent, à bousculer et à gourmer un mannequin qu'il avait habillé en Autrichien.

Vous autres, les petits, vous ne connaissez pas le *Sot-Cailleau* ? Voilà son histoire en deux mots : c'était le fils d'une pauvre veuve de la rue du Bourdeau ; à dix ans, le feu avait détruit sa maison, et l'enfant, qui avait vu sa mère ensevelie sous les ruines enflammées, était devenu idiot en même temps qu'orphelin.

Ce jour-là, Sot-Cailleau avait du plaisir : il flanquait à son marmouset des taloches de tout son cœur; il le terrassait, le mordait et lui cognait la tête sur le pavé ; puis il riait... il riait à se tenir le ventre.

Mais si Cailleau riait, les *ci-devant* ne riaient pas, et l'un d'eux, exaspéré, tomba à coups de poings sur le pauvre innocent. Dans ce temps-là, ce n'était pas comme maintenant où les feuilles racontent tous les jours des histoires de gens qui outragent la faiblesse; nous autres, un homme qui aurait frappé méchamment une femme, un innocent ou un enfant, nous l'aurions démoli. Que voulez-vous? c'était notre idée : les anciens nous avaient lu des livres d'un certain Rousseau, où des choses réellement belles et bonnes étaient écrites, et nous n'aurions pas voulu que quelqu'un pût aller dire à ce brave monsieur : « Un tel a commis telle ou telle mauvaise action ! » — Non, rien que cette pensée-là nous faisait rougir de honte.

Aussi, voyant un *ci-devant* maltraiter Cailleau, je me sentis pris d'une grande colère.

— Le gueux ! il a tapé Cailleau !

Je ne sais pas comment cela s'est fait, mais je me suis trouvé dans le ruisseau, à cheval sur le coquin, et sentant quelque chose comme une grêle de briques pleuvoir sur mon dos. Tout d'un coup, je n'ai plus rien senti, je tournais de l'œil, comme on dit; puis, j'ai reconnu les amis qui me soutenaient dans leurs bras, et Cailleau qui, assis sur son Autrichien, me regardait avec ses grands yeux fixes. Mme Blocquel est venue avec une bouteille et m'a donné un verre de vin. C'était une vraie citoyenne, de bon cœur et de grand courage.

Quant aux *ci-devant,* on n'en voyait plus : les patriotes les avaient étrillés de la bonne manière.

Je vis seulement alors la véritable cause de toute cette vilaine affaire : c'était un placard affiché contre la terrasse du Grand'Garde, où M. Rohart, le greffier, avait transcrit de sa plus belle écriture la sommation de l'archiduc Albert de Saxe et les réponses du général Ruault et de la municipalité.

La lettre de l'ennemi, je l'ai oubliée ; d'ailleurs, je m'en moque comme d'une chique de tabac ; mais celles des soldats et des citoyens, je les ai toujours sues par cœur :

« La garnison que j'ai l'honneur de commander et moi, avait dit le général Ruault, sommes résolus de nous ensevelir sous les ruines de cette place plutôt que de la rendre à nos ennemis ; et ses citoyens, fidèles comme nous à leur serment de vivre libres ou de mourir, partagent nos sentiments et nous seconderont de tous leurs efforts. »

Et voilà l'autre :

« *La municipalité de Lille à Albert de Saxe.*

« Nous venons de renouveler notre serment d'être fidèles à la Nation, de maintenir la liberté et l'égalité ou de mourir à notre poste ; nous ne sommes pas des parjures ! »

Le citoyen Roussel, le marchand de toiles de la rue des Malades, lisait cela tout haut d'une voix si claire et si sonore qu'on l'entendait de l'autre bout de la Grande-Place, malgré le tintamarre des canons. Puis, quand il eut fini, il entonna la *Marseillaise* que chacun se mit à chanter avec lui ; nous étions plus de deux mille et c'était la canonnade qui faisait la basse..... C'était là une grande chose que je n'oublierai jamais, quand bien même je vivrais encore cent ans, et dont le souvenir fait encore aujourd'hui tressaillir ma vieille carcasse.

Il pouvait bien être cinq heures, quand on vint nous dire que les maisons commençaient à culbuter du côté de Saint-Sauveur, par la raison que l'ennemi concentrait ses boulets sur ce quartier, dans l'espérance que les pauvres gens, se voyant dépouillés, se révolteraient contre la garnison et ouvriraient les portes,—ce qui prouve bien que les Autrichiens étaient des hommes méchants et rusés. Tous ceux qui demeuraient par là n'en demandèrent pas davantage et coururent chez eux pour voir comment les choses se passaient. Notre maison, à nous, était dans la rue du Vieux-Marché-aux-Moutons ; aussi n'étais-je pas trop tranquille, bien que je me doutasse que mon père y était pour surveiller les événements. Comme l'inquiétude me talonnait, et un peu aussi parce que je n'avais pas mangé depuis le matin, je me préparais à aller faire un tour du côté de notre cuisine, lorsque, patatras ! une demi-douzaine de bombes éclatent sur la place, démolissant les gens, les carreaux et les devantures de boutiques ; elles sont suivies par d'autres, entremêlées de boulets rouges, et finalement çà devient une véritable *daquoire*. On ne perd pas la carte ; on empoigne des cuvelles, on jette de l'eau à droite et à gauche pour éteindre les mèches ; on donne un coup de main par-ci, un peu d'aide par-là, et l'on riait encore malgré tout : les Lillois, ça aime à rigoler.

— Le feu est à l'église !

C'était vrai : Saint-Etienne brûlait. Ça nous fit de la peine : Saint-Etienne était une belle bâtisse qui faisait honneur au pays, et puis c'était comme qui aurait dit le clocher de la ville. Les flammes sortaient par trois fenêtres et faisaient déjà une trouée dans la toiture.

En ce temps là vivait à Lille un bossu extraordinaire ; il s'appelait Anzelin, était jaugeur de la ville et habitait sur la place une petite maison si basse et si affaissée qu'elle semblait accroupie entre les contreforts de l'église Saint-Etienne. C'était un homme malicieux qui mettait sa joie à se gaudir de la simplicité d'autrui ; sa voix aigre et saccadée comme le bruit d'une crécelle, sa langue vénimeuse comme la dent d'une vipère étaient si connues de tout un chacun que personne ne se hasardait à railler les escarpements de son dos, ses bras longs et ballants ou les traits pointus de sa figure anguleuse; on s'efforçait bien plutôt de se le rendre favorable par une habile déférence à ses caprices. Ce qu'il y avait de plus étrange chez Anzelin-le-Bossu, c'était son adresse merveilleuse et l'incroyable vigueur de ses longs bras maigres; on en citait dans la ville des exemples remarquables, et il en avait donné tout récemment une preuve de nature à convaincre les plus incrédules en allant coiffer d'un bonnet rouge le coq doré qui surmontait la verge de fer tout en haut de la flèche du clocher Saint-Etienne.

Dès qu'on eut crié : « Le feu est à l'église ! » on vit Anzelin sortir de sa petite maison et venir au milieu de la place regarder son bonnet.

— Hé ! hé ! hé ! hé ! ricanait-il en regardant les gens sous le nez, hé ! hé ! les patriotes, qu'est-ce qui ira chercher mon bonnet ? Hé ! hé !

Chacun faisait la sourde oreille.

— Hé ! hé ! hé ! hé ! c'est la coiffure même de la patrie, citoyens ; qu'est-ce qui ira la sauver ? Hé ! hé !

On n'avait garde de répondre, vous pensez bien.

— Hé ! hé ! sera-ce toi, Cocheteux ? non ! sera-ce toi, Destailleurs ? sera-ce toi, Lefebvre ? toi, Houzé ? Hé ! hé ! personne n'osera ! ils ont peur ! Je le savais bien qu'ils n'oseraient pas ! Hé ! hé ! alors ce sera moi !

hé ! hé ! ce sera Anzelin, Anzelin-le-Bossu ! Tous bons pour boire de la bière et fumer des pipes ; mais quand il s'agit de risquer leurs vilaines peaux, il n'y a plus personne ! Hé ! hé ! regardez un peu !

Et il se dirigea en trottinant et en balançant ses longs bras de squelette vers le petit portail, laissant chacun stupéfait de son audace et de son intrépidité, tandis que moi, je me méprisais intérieurement en pensant : « Ce n'est pas toi, Louis, qui oserait faire des coups pareils, non, ce n'est pas toi ; aussi, tu resteras toujours simple canonnier, c'est moi qui te le dis ! »

Cinq minutes se passèrent. On vit alors le bossu sortir par la dernière lucarne, tout à la pointe de la flèche, et grimper comme un singe le long de la barre de fer qui supportait le coq. Il était si haut, si haut, que d'en bas il ne paraissait pas plus gros que le poing. Chacun avait le nez en l'air, on le regardait en se faisant une visière avec la main, et malgré soi on se disait : Va-t-il tomber ou ne va-t-il pas tomber ? Mais on n'osait ni crier ni applaudir, de peur de lui donner le vertige en détournant son attention. On le vit prendre le bonnet d'une main pendant qu'il se cramponnait de l'autre ; il le mit sur sa tête et redescendit tranquillement sans s'inquiéter des boulets qui passaient à quelques pieds de son corps. Quand il eut disparu dans la lucarne, on commença à crier : Hourra ! hourra ! vive la nation ! vive Anzelin ! et, quand il reparut sous le porche, on l'empoigna par les jambes et on l'emporta en triomphe à la Commune.

Presqu'au même moment, les sonneurs, qui n'avaient cessé de battre le tocsin depuis l'attaque, sortirent par la petite porte de la rue Esquermoise en disant que le feu gagnait la tour et que les cloches allaient fondre. Il y en avait une qu'ils paraissaient regretter particulièrement, c'était la *grosse cloche de Winron,* qui était toute en argent et qu'on entendait jusqu'à Armentières.

Comme la nuit arrivait, et que nous devions relever le lendemain la compagnie Ovigneur, comme j'avais faim et que j'avais mal aux reins par suite des coups que j'avais reçus, je partis d'un bon pas, en longeant les maisons, pour regagner la rue du Vieux-Marché-aux-Moutons.

IV

Le 30 Septembre 1792.

Il paraît que les Kaiserlicks ont continué leur train pendant la nuit entière et qu'ils sont cause que beaucoup de gens ont perdu tout ce qu'ils avaient gagné par leur bonne volonté au travail et leur conduite honnête ; — mais je n'en aurais rien su du tout, si on ne me l'avait appris le matin, car j'ai dormi à poings fermés depuis neuf heures du soir jusqu'à l'heure du déjeûner, tant j'étais grandement fatigué.

Le 30 septembre était un dimanche. Autrefois, j'aimais bien les dimanches, parce qu'il ne fallait point songer au travail. On sortait de la grande armoire de chêne les culottes de casimir, l'habit bleu, les bas de fine laine; on se faisait propre et gaillard pour aller à *Jeanne-Maillotte* tirer à la fléchette ou danser avec son amoureuse, selon les jours ou la saison. Ça semble si bon, la liberté et la campagne, quand on a retordu du fil pendant six jours sans s'arrêter. Mais ce jour-là, rien de tout cela : sur la chaise à côté de mon lit, mon uniforme fripé et plein de poussière avait un air abattu qui me faisait peine à voir, et le canon, qui hurlait sur le rempart, semblait me gourmander de ma fainéantise avec tant de colère, que je ne pus m'empêcher de lui répondre :

— Allons, c'est bon, on y va !

Oui, mais c'est que mon dos me faisait mal, comme si on y avait battu la générale pendant toute la nuit ; je réussis à m'habiller cependant, mais je m'y repris à plus d'une fois et lâchai plus d'un juron accompagné de laides grimaces.

A la cuisine, je trouvai nos cousines Cécile Reboux et sa fille Victoire, les dentellières de la rue du Croquet, qui coupaient des tartines pendant que ma mère faisait du café. Elles avaient les yeux rouges.

— Voilà Louis ! dit Victoire. Bonjour, Louis.

— Bonjour, Victoire, bonjour, ma mère, bonjour, ma cousine.

— Bonjour, garçon, répondit ma mère.

Mais la cousine Reboux resta muette et retrognée.

Tout en me frottant les reins, je me disais en moi-même :

— Il y a quelque chose, c'est sûr, et il faut que ce soit une affaire joliment conséquente pour que madame Reboux reste plusieurs minutes sans bavarder ; c'est là certainement un événement qui étonnerait bien des gens s'ils en étaient témoins. C'est égal, Louis, ne vas pas importuner ces femmes par des questions ; — d'abord, parce que c'est contraire à la politesse, ensuite, parce que tu sais bien que la mère Reboux finira par se déboutonner toute seule.

Je la regardais du coin de l'œil, et je voyais que, bien qu'elle ne parlât pas, ses lèvres remuaient par habitude.

— Bon, pensai-je, ça va venir.

Elle commença par bougonner à demi-voix, en mettant son bonnet de travers, tantôt d'un côté, tantôt de l'autre :

— Les brigands !.... les voleurs !.... canailles d'Autrichiens !...

Moi, je répondais pour l'exciter :

— Oui, ce sont des brigands ! — Des voleurs, oui, c'est bien vrai ! — Les Autrichiens sont des canailles ; il faudrait être privé de raison pour dire le contraire !

Si bien qu'au bout de dix minutes je savais tout : des boulets rouges étaient tombés, vers les quatre heures, dans la rue du Croquet et avaient mis le feu à sa maison ainsi qu'à deux autres ; de sorte que les pauvres gens étaient ruinés et avaient déjà eu bien de la peine à se sauver avec quelques hardes.

Le pis de tout, c'est que mon cousin Reboux, qui était pointeur dans la compagnie Ovigneur, allait rentrer bien fatigué après vingt-quatre heures de feu roulant et ne trouverait plus ni matelas, ni linge, ni maison pour se reposer et se changer.

Et Mme Reboux, ayant raconté son malheur pour la dixième fois, recommença sa bordée d'injures contre les Autrichiens, et Victoire se remit à pleurer.

Mon père rentra en ce moment par la porte de la rue :

— Voilà au moins, dit-il en déposant dans un coin un énorme paquet, de quoi vous habiller : c'est tout ce que j'ai pu enlever ; quant au reste, ne vous inquiétez pas : il y aura toujours assez de place ici pour vous loger, en attendant mieux. Allons, garçon, un morceau sur le pouce, une tasse de bon café, et en route !

Quand nous eûmes mangé, ma mère essuya ses yeux avec le coin de son tablier et vint nous embrasser en silence. J'avais la gorge si serrée et Victoire me regardait avec des yeux si doux que j'avais plutôt envie de rester à la maison que d'aller sur le rempart attraper peut-être un mauvais coup à en être affligé pour toute ma vie. Puis, je pensai :

— Oui, ce serait une affaire excessivement pénible pour toi, Louis, que de perdre un de ces bras qui aiment tant à entourer la taille de Victoire, ou bien encore une de ces jambes qui dansent avec tant d'entrain aux kermesses des environs ; mais si tout le monde raisonnait comme toi, les Kaiserlicks auraient déjà saccagé la ville, pendu les bons patriotes et violenté les citoyennes, y compris Victoire.... Cordieu ! èn avant, père, et mort aux Autrichiens !

Quand nous arrivâmes à l'Hôtel des Canonniers, rue des Malades, la compagnie était presque au complet. En attendant l'heure, on causait par groupes ; chacun racontait ce qui était survenu dans son quartier ou dans sa rue ; combien de boulets rouges ou de bombes on avait vus, les gens qui avaient été tués ou éclopés ; et je dois dire que je ressentis tout à coup une grande satisfaction et une grande confiance, parce que je voyais que personne n'avait peur : tout le monde était exaspéré contre l'ennemi à cause de ses mauvais procédés à l'égard de gens qui ne lui avaient jamais rien fait.

Tout au fond de la cour, les officiers de la compagnie étaient réunis autour de M. Nicquet et paraissaient s'occuper de choses d'importance.

Je me suis demandé bien des fois, depuis ces jours-là, pourquoi tout le monde à Lille connaît et vénère le nom de M. Ovigneur, tandis que personne ne semble se souvenir du capitaine Nicquet. C'est une grave injustice qui doit causer de la peine à tous les véritables canonniers.

Certes, le capitaine Ovigneur était, en même temps qu'un filtier honnête et recommandable, un homme vaillant, un pointeur rempli de précision, un citoyen tout à fait digne de la reconnaissance de ses compatriotes en général et des artilleurs en particulier ; mais cela n'empêche pas que M. Nicquet le valait sous tous les rapports et qu'ils étaient, à eux deux, quelque chose comme les deux bras du corps des canonniers lillois.

M. Nicquet, bourgeois fort riche, mais pas plus fier pour cela, était retordeur de fil et habitait une grande belle maison rue de Paris, tout proche de l'Hôtel. C'était un grand sec, avec des cheveux gris et un nez crochu, qui passait pour n'avoir pas son pareil comme bretteur. Moi, je faisais mon apprentissage chez lui, et je peux même dire que j'en avais un peu peur, par la raison qu'il avait toujours à la main, dans la rue comme à l'atelier, une grosse canne qui tournoyait dans tous les sens si vitement qu'on en avait la berlue. Ce n'était pas par méchanceté, c'était par manie ; mais c'est égal, j'en avais des sueurs froides, et je me disais :

— Si son diable de bâton t'accroche seulement un brin, Louis, tu verras plus d'un million de chandelles.

A dix heures moins un quart, après l'appel, on prit ses rangs et on emboîta le pas : nous étions en route pour la danse.

Ça n'était pas drôle : on voyait les boulets passer au-dessus des rues en carambolant sur les cheminées, les pignons, les toits et éparpillant tout cela à droite et à gauche dans les rues, dans les cours, dans les jardins ;

il y avait des maisons en feu, d'autres crevées du haut en bas par les bombes, d'autres encore dont les nochères et les châssis déchiquetés pendaient comme des loques. Nous allions au pas de charge pour tâcher d'éviter les accrocs, et plus nous approchions du rempart, plus le vacarme devenait infernal : rue des Sahuteaux, nous n'entendions plus nos tambours; sur le Réduit, il y avait de quoi devenir fou : on n'y voyait pas clair et on n'y respirait pas, tant la fumée était épaisse, on avait des claquements dans les oreilles comme si les veines allaient éclater; il y avait dans l'air des sifflements à faire dresser les cheveux, et la terre tremblait par secousses.

Mes dents jouaient des castagnettes et je marchais raide en serrant de toute ma force entre mes bras la crosse de mon fusil : je ne pensais plus à rien, j'étais ahuri.

Grosse-Marie, la pièce de mon père, était à gauche de la porte de Fives; je me suis retrouvé là sans savoir par où j'étais passé : Mahieu et Grimonpont chargeaient, mon père pointait et Serrurier faisait feu. Nous avons fait ce métier-là, sans débrider, jusqu'à la nuit; mais, sur les huit heures, le lieutenant Duhamel, qui voyait bien que je n'en pouvais plus, m'envoya en estafette à la Commune et me permit d'aller me reposer jusqu'à minuit.

Il n'a pas fallu me le dire deux fois.

— Louis, pensai-je en dégringolant des talus, que tu

vas donc être bien, chez toi, entre ta mère qui va te donner une bonne assiette de soupe, Victoire qui va te faire les yeux doux, et Mme Reboux qui te racontera exactement tout ce qui s'est passé en ville pendant la journée ! C'est un bon garçon que le lieutenant Duhamel !

Après avoir entendu éternuer *Grosse-Marie* et ses compagnes, dix heures durant, au milieu du feu, de la fumée de poudre, des chants de guerre et des malédictions des camarades, sous les bombes et les boulets qui passaient sur nous pour aller écraser la ville, vous pensez bien que je commençais à m'accoutumer à tout ce sabbat endiablé. Cependant, au moment d'enfiler au pas de course la rue de Fives, je m'arrêtai tout net en me grattant le nez.

— Quand tu serais aussi mince qu'un *broquelet*, Louis, tu ne passerais jamais là-dedans sans te faire décarcasser.

Il y avait deux batteries autrichiennes qui croisaient leurs feux sur le quartier, de manière que des deux côtés de la rue de Fives les maisons enflammées culbutaient les unes après les autres et s'applatissaient sur le pavé ; tandis que les boulets froids, arrivant droit par-dessus le rempart, ricochaient et rebondissaient d'un bout à l'autre jusqu'à la rue des Malades.

Voyant cela, j'ai fait volte-face, et, longeant les remparts, j'ai gagné la rue de l'Abbiette, où les choses n'allaient pas beaucoup mieux, puis la rue des Buisses, la rue des Moulins-à-Garance, la rue Saint-Maurice, et finalement je suis arrivé à la Commune avec ma tête sur mes épaules.

Là, on m'a fait entrer dans la salle du conseil, et j'ai remis mon message à M. Saqueleu, le procureur, qui l'a donné au maire, M. André.

C'est alors que je vis bien que les Lillois étaient de vrais patriotes, des citoyens véritablement dévoués à la Nation.

La Municipalité s'était déclarée en permanence depuis le commencement du bombardement : jour et nuit, une partie des officiers municipaux délibéraient sur les mesures à prendre, pendant que l'autre parcourait la ville pour faire exécuter les ordres et donner l'exemple du courage en toute occasion.

Je regardais avec respect ces hommes graves et calmes, occupés à veiller au salut de leurs concitoyens sans se laisser émouvoir par les batteries qui faisaient rage et envoyaient leurs projectiles jusque dans les cours de la Commune : c'étaient M. Bernard, M. Charvet, M. Forceville, M. Questroy, M. Lefebvre-Dhennin et le vieux M. Méricourt, qui avait près de quatre-vingts ans. Les autres étaient de service en ville.

Au fond de la salle, au bout d'une pique, on voyait le bonnet rouge qu'Anzelin-le-Bossu avait si crânement enlevé du clocher de Saint-Etienne.

— Canonnier, me dit M. André, vous répondrez au capitaine Nicquet qu'il peut être tranquille : toutes les précautions sont prises.

Quelques minutes après, j'arrivais chez nous. Il y avait pas mal de déchet dans les environs, mais notre maison était debout, saine et sauve.

Le long des façades, s'allongeait une longue file de cuvelles toutes remplies d'eau, et le pavé était couvert de fumier mouillé pour enpêcher les boulets de ricocher. Les habitants de la rue, hommes, femmes et enfants, se tenaient aux portes avec des casseroles, des pinces, des marmites, pour prendre des boulets rouges et les noyer dans les cuves. Tout ça n'était pas bête : les citoyens n'avaient pas perdu leur temps.

Bien qu'il fût neuf heures sonnées, il faisait presque clair : c'étaient des maisons tout entières qui servaient de chandelles, car la moitié du quartier Saint-Sauveur était en flammes, sans compter le massif Saint-Etienne qui brûlait encore et les incendies isolés qui se déclaraient de tous côtés.

Quand ma mère me reconnut, elle se mit à trembler de tous ses membres, elle croyait que mon père était blessé.

—Entre, me dit-elle quand je l'eus rassurée, tu mangeras un morceau avec le cousin Reboux qui est justement à souper. Moi, il faut que je veille avec les voisins.

Reboux, sa fille assise sur ses genoux, mangeait tranquillement en écoutant sa femme.

— Bonjour, petit, rien de neuf là-bas ?

— Tout va bien, mon cousin.

Il faut que je vous dise deux mots sur cet honnête

canonnier, dont le nom, presque oublié aujourd'hui, était à cette époque justement célèbre.

D'Arras jusqu'à Dunkerque, d'Anvers à Boulogne, tout le monde connaissait *Reboux-le-Pointeur*. Dans les pays de Flandre et d'Artois, nul n'aurait oser entrer en lutte avec lui pour le maniement des armes à feu ; canons, fusils, pistolets, il connaissait tout cela depuis A jusqu'à Z et en aurait remontré au plus malin des arquebusiers. Aussi faisait-il grand honneur au corps des Canonniers lillois et était-il tenu en haute estime par ses officiers aussi bien que par ses compagnons. Et Reboux était en même temps un homme brave, énergique et actif ; il l'avait prouvé une fois de plus ce jour-là, car c'était lui qui, au lieu de se reposer, avait organisé le service de la rue du Vieux-Marché-aux-Moutons. Il avait même fait mettre aussi dans notre grenier une couche de fumier mouillé pour paralyser l'effet des boulets rouges et préserver notre habitation—ce qui démontre qu'il y a profit autant que plaisir à obliger les honnêtes gens.

Cependant, comme il fallait bien d'autres événements que mon arrivée pour arrêter la langue de Mme Reboux, elle continuait ses commérages tout en servant notre repas :

— Oui, vous ne pouvez vous en apercevoir parce qu'il fait nuit, mais Saint-Sauveur n'a plus son clocher ; les Autrichiens l'ont jeté bas. Eux qui prétendaient respecter la religion et les biens des particuliers, ils nous ruinent, tirent sur les églises et les hôpitaux ; je te le dis, Pierre, c'est un ramassis de bandits, et tu feras bien de ne pas les ménager. Mais pour ce qui est d'avoir la ville, ils ne l'auront pas, les voleurs ! Ils ne savent pas ce que c'est que les canonniers et les bourgeois de Lille, et la preuve qu'il ne le savent pas, c'est qu'ils sont venus les attaquer. Les imbéciles ! ils n'avaient qu'à s'informer dans le pays, auparavant : on leur aurait dit que M. Ovigneur et M. Nicquet étaient capitaines des canonniers, dans les rangs desquels se trouvait Reboux-le-Pointeur, et que M. Bryan était colonel de la garde nationale ; alors ils auraient compris que ce qu'ils avaient de mieux à faire c'était de passer leur chemin. A propos de M. Bryan, sans lui, ce matin, on en aurait vu de belles : une bande de chenapans—c'étaient bien sûr des *ci-devant* — a voulu piller les maisons de la rue de la Barre ; mais M. Bryan, avec des officiers municipaux et un détachement de la garde nationale, est allé les mettre à la raison. Si ce n'est pas triste de voir de pareilles choses dans un moment où tous les braves gens se font hâcher sur le rempart !...

— Voilà qui est bien, interrompit *Le Pointeur* en reposant sa fourchette et en tirant sa pipe ; bourre la tienne, garçon, je vas te conduire à mon belvédère.

Son belvédère, c'était la crête du toit. Il y avait déjà là, entre trois cheminées, deux hommes qui causaient.

— Allez casser une croûte, mes enfants ; je vais faire faction en vous attendant.

— Merci, monsieur Reboux ; ça ne sera pas long.

Et nous restâmes, tapis comme des chats de gouttières, regardant l'infernal feu d'artifice et surveillant attentivement la direction des boulets rouges et des obus. Par moment, une lueur plus vive des incendies ou l'explosion d'une bombe nous montrait çà et là sur les toits voisins des bourgeois, juchés comme nous, qui veillaient au grain. Enfin, le moment est venu de rejoindre les amis ; j'ai éteint ma pipe, j'ai serré la main du cousin Reboux, et j'ai regagné le rempart en me faufilant sournoisement le long des maisons.

Aux approches de la nuit, le feu de l'ennemi avait un peu faibli, mais il n'en était pas de même du nôtre, qui avait au contraire redoublé d'énergie : rien qu'en circulant sur le rempart, il y avait de quoi devenir sourd.

En arrivant à la montée de la rue Sans-Pavé, je trouvai mon père assis sur le revers du talus, avec ses servants de pièce et d'autres canonniers ; ils reprenaient haleine, les uns en fumant leur pipe, les autres en mangeant un morceau de pain : *Grosse-Marie* avait besoin de souffler un peu ; c'était sa voisine qui continuait la conversation.

— Eh bien ! me demanda-t-on, comment ça va-t-il en ville ?

— Pas trop bien ; le quartier de Fives est tout détraqué, mais les citoyens ont ouvert l'œil. Où est le capitaine Nicquet ?

— Là, en face, au bastion sous le rempart.

— Et le lieutenant Duhamel ?

— Ici près, à la troisième pièce.

J'y allai chercher le mot de passe, car il me fallait traverser les lignes pour gagner le bastion ; puis, descendant jusqu'à la porte de Fives, je m'engageai dans les contre-bas sous les canons des remparts qui crachaient leurs feux et leurs boulets juste au-dessus de ma tête. Ça me faisait un drôle d'effet.

Je n'eus pas besoin de chercher longtemps : je voyais d'en bas un grand gaillard dont le reflet des flammes éclairait en rouge le mince profil et le nez crochu, et qui courait d'une pièce à l'autre en faisant voltiger à droite et à gauche une espèce de manche à balai qu'il tenait à la main.

— Bon, le capitaine a troqué sa canne contre un écouvillon ; si les choses s'aggravent, Louis, tu le verras jongler avec un mât de cocagne ! En attendant, défie-toi de cette badine-là, et, par respect pour son grade, tiens-toi à distance pour lui parler.

Tout en me faisant ces recommandations, j'avais gravi le talus et je m'approchais avec prudence du capitaine Nicquet, quand, par un brusque mouvement, celui-ci revint sur ses pas et se trouva nez à nez avec moi

— Qu'est-ce que tu veux ? me dit-il en arrêtant les

moulinets de son écouvillon, ce dont je ressentis une vive satisfaction.

Mais, au moment de lui répondre, je ne pus m'empêcher de me mettre à rire, tant sa physionomie me parut drôle. Je le voyais comme en plein jour : il avait tout au travers du visage de grandes balafres noires qui couraient, deux par deux, trois par trois ou plus, d'un côté à l'autre de son front, ou bien de l'œil droit à l'oreille gauche, ou bien encore qui s'entortillaient autour de son long nez, lequel constituait à peu près tout ce qui restait de blanc sur sa figure.

— Pardon, excuse, mon capitaine... c'est que, sauf votre respect, on dirait que vous vous êtes lavé avec de la poudre !

— Ris, petit, ris, si ça t'amuse.

Il avait une voix si douce et si triste en disant cela que mon envie de rire passa tout d'un coup. Puis, s'adressant aux canonniers qui chargeaient derrière lui, il cria d'une voix de tonnerre :

— Pressez ! pressez ! par la mordieu ! Feu ! feu ! là-bas, les obusiers ! — Que veux-tu, mon enfant?

— Mon capitaine, M. André, le maire, vous fait répondre que vous pouvez être tranquille, parce que les precautions sont prises.

— Ah ! merci, tu es un bon garçon !

Et M. Nicquet, laissant tomber son écouvillon, m'entoura de ses longs bras et m'embrassa de tout son cœur.

J'en eus la joue toute noircie, mais je n'en fus pas moins considérablement attendri et enorgueilli, car—ce n'est pas pour humilier les autres canonniers—mais il n'y en a pas beaucoup parmi eux qui puissent se vanter d'avoir reçu l'accolade de ce vaillant homme, lequel distribuait plus volontiers des estocades que des caresses.

— C'est égal, fit-il en se ravisant, toutes les précautions de M. André n'empêcheront pas la rue des Malades d'être en poussière d'ici à deux jours. Petit, veux-tu me rendre un grand service ?

— Trente-six mille, capitaine !

— Eh bien ! écoute. Tu es servant de caisson ; on se passera facilement de toi au rempart. Au jour, tu t'en iras à ma maison, — fais attention, les boulets pleuvent par là. — Tu diras à Mme Nicquet d'emmener les enfants chez son frère, rue Saint-André, et tu la conduiras : tu seras son protecteur. — Wattrelot, relevez d'un point le n° 2, plongez le feu ! plongez le feu !—Ovigneur reviendra à dix heures et ne quittera plus son bastion ; moi, je vais prendre position ailleurs et je ne sais pas quand je pourrai retourner chez nous. Ça marche bien, mais il ne faut pas s'endormir. Allons, va, Louis, et prends garde à toi, mon enfant.

— Ça sera fait, M. Nicquet.

Et je redescendis en pensant en moi-même :

— Voilà un grand honneur que te fait ton supérieur, mon ami ; il ne faut pas cependant que cela trouble ta cervelle ; mais tu vas bien plutôt faire tout ton possible pour préserver tes jours désormais précieux.

Il pouvait bien être une heure du matin quand je rejoignis mon père à qui je fis part des ordres du capitaine Nicquet.

— Va, garçon, va à tes besoins ; ce ne sont pas les servants qui nous manquent ; nous avons des volontaires plus qu'il n'est besoin.

De fait, j'avais remarqué dans les batteries un grand nombre de gens sans uniforme qui roulaient les caissons, rangeaient les gargousses, remuaient les pièces, apportaient les boulets, qui étaient, en un mot, tout à fait remplis de bonne volonté.

— Allons, Louis, me dis-je, je crois que tu peux t'absenter sans te mettre ta conscience à dos, car il demeure évident que, grâce à toutes ces bonnes gens, on peut maintenant défendre la ville sans toi.

Mais comme le jour était encore loin, je m'assis sur un affût en bourrant ma pipe. Au même moment, mon père éteignit la sienne, et, en se levant, dit à ses hommes :

— *Grosse-Marie* a fait sa sieste; il est temps de la réveiller. En avant, citoyens !

Puis, se tournant vers moi et me montrant les traînées de feu que traçaient les obus et les boulets rouges en se croisant en l'air :

— Sois subtil, mon garçon. Ici, ça ne va pas mal,

c'est nous qui envoyons les prunes de 48 ; mais en ville, au contraire, on reçoit celles des Autrichiens ; il y a plus de danger dans les rues que sur les ouvrages. Sois subtil, garçon !

Et je restai seul sur mon affût, derrière le parapet, à songer aux événements mémorables qui étaient survenus coup sur coup depuis ces trois dernières années.

— Certainement, ton grand-père et ton arrière-grand-père ont vendu de la moutarde et du café dans la rue du Vieux-Marché-aux-Moutons pendant toute leur vie sans se douter que l'heure de la délivrance des peuples était proche ; mais s'ils avaient pu seulement prévoir l'avenir, sois sûr qu'ils auraient volontiers donné pour rien leur fonds de boutique, à cette seule fin d'être à ta place. Oui, Louis, tu as la chance de vivre à une grande époque et d'avoir vu des choses dont on parlera encore dans les siècles des siècles. C'est pourquoi il faut te garder de commettre des actions mauvaises, et faire tous tes efforts pour rester à la hauteur de ton temps en pratiquant la vertu, c'est à dire la liberté, l'égalité et la fraternité.

V

Le 1er Octobre 1792.

Ayant ainsi résumé toutes choses, je me mis à contempler la bonne ville de Lille, et je peux dire que le spectacle qu'elle présentait en ce moment était digne d'exciter l'horreur en même temps que l'admiration. A gauche, j'apercevais, au milieu des ténèbres de la nuit, les flammes qui dévoraient le quartier de Fives se tordre et se contourner sur elles-mêmes comme des serpents de feu ; de temps en temps, une immense gerbe d'étincelles s'élevait en se déroulant à l'infini : c'était une maison qui s'écroulait ; tandis que la fumée, qui se dégageait de cet immense brasier, montait en masses épaisses, rougeâtres à la base, sombres et opaques au sommet.

En face, le quartier Saint-Etienne, achevant de se consumer, projetait une lueur sanglante sur le ciel noir et montrait çà et là un squelette de maison encore incandescent. De tous côtés, jaillissaient tout à coup des flammes claires et brillantes : c'étaient des boulets rouges qui arrivaient dans les greniers qu'ils mettaient en feu. En levant les yeux, on voyait des courbes étincelantes qui flamboyaient dans l'air par cinquantaines à la fois, s'entrecroisant, se coupant, s'élevant plus rapides les unes que les autres, ou bien se terminant brusquement par une explosion. Derrière moi, la ligne des fortifications toute en feu tremblait, foudroyait et tonnait sans interruption, pendant que sur l'esplanade, entre la caserne des Buisses et le rempart, des gens qui faisaient patrouille ou qui brouettaient des boulets passaient par troupes en chantant *la Marseillaise*. C'était grand, c'était beau et c'était sinistre.

Je suis resté, comme un fainéant, à regarder ces choses sans penser à rien. Ce n'est que quand j'ai vu le jour paraître que je me suis remis sur pieds en me disant :

— Allons, Louis, il s'agit maintenant de montrer que tu es un homme.

Le capitaine Nicquet avait deux enfants, deux jolies filles, l'une de dix-sept ans et l'autre de neuf, qu'il aimait et soignait comme la prunelle de ses propres yeux ; pour sa femme et ses filles, M. Nicquet aurait volontiers tout sacrifié, oui tout, excepté la ville de Lille. Quand j'y repense, après bien des années, je ne peux pas m'empêcher de dire que c'était tout de même un drôle de corps que ce capitaine-là, si crâne avec les matamores, si secourable avec les petits, si mauvaise tête et si bon cœur tout à la fois ! D'ailleurs, tous les vaillants sont ainsi faits, c'est le vieux Filtier qui l'affirme, et il peut se vanter d'en avoir connu, de ces braves, depuis le siége de Lille jusqu'en 1815 !

Donc, au petit jour, j'ai filé subtilement par la rue Sainte-Marie-Madeleine et la rue du Vieux-Marché-aux-Moutons, afin de jeter en passant un coup-d'œil chez nous : notre maison était toujours à sa place, et Reboux, toujours sur ses jambes, dirigeait le sauvetage de notre vis-à-vis qui venait d'attraper son affaire. Ce qu'ayant vu, je continuai mon chemin par la rue du Dragon.

Tout le monde était dans les larmes chez M. Nicquet. Les fillettes sanglotaient, la tête sur les genoux de leur mère, qui s'efforçait de les calmer, bien qu'elle-même eût grosse envie d'en faire autant.

— Mon papa, mon pauvre papa, je veux voir mon papa ! criait la petite au milieu de ses suffocations.

La vieille Jeannette, le coin de son tablier relevé dans sa ceinture, courait, toute affolée, par la maison en poussant des *Jésus ! Maria !* qui n'en finissaient pas, et Courtecuisse, un ancien que M. Nicquet avait recueilli et établi concierge de l'atelier, se promenait sous la grande porte en jurant et en manœuvrant sa béquille d'une manière menaçante.

— C'est-il vrai que vous avez tué mon capitaine ? hurla-t-il en me sautant à la gorge au moment où j'entrais.

— Veux-tu me lâcher, vieux balourd !

— Ah ! c'est Louis. Je t'avais pris pour un Kaiserlick !

— Pour ce qui est du capitaine, ne t'inquiète pas, les Autrichiens ne le mangeront pas.... il est trop dur !

Comme j'apportais des nouvelles, je fus choyé plus que jamais par mes bourgeoises ; on me fit déjeûner, puis il me fallut raconter tout ce que je savais, et répondre aux questions qui m'arrivaient de tous côtés à la fois.

Enfin, ayant réussi à tranquilliser mon monde, on se prépara à exécuter les instructions que j'avais apportées : maîtres et serviteurs s'empressèrent de réunir, dans des coffres, leurs objets les plus précieux et s'apprêtèrent au départ ; Courtecuisse seul résista si énergiquement que toutes les sollicitations échouèrent devant la persistance de sa résolution. Il demeura seul avec son ami Picard, le chien de garde, dont il partageait les opinions sur plus d'une matière, — ce qui fait à l'un et à l'autre plus d'honneur que vous ne croyez.

— Louis, me dis-je au moment où tout fut prêt, tu as sur tes épaules une responsabilité plus lourde que tous les paquets de fil que tu as jamais portés. S'il arrivait quelque malheur à Mme Nicquet, à Mlle Lise ou à la petite Angèle, tu n'aurais plus qu'à te faire tuer, car jamais tu n'aurais le cœur d'aller le raconter à ton capitaine. Ouvre donc l'œil, mon garçon ; c'est le moment de prouver que ta brave femme de mère n'a pas donné le jour à un imbécile !

Alors, je mis le nez à la porte de derrière que Courtecuisse venait d'ouvrir et qui donnait dans la rue du Molinel : les environs étaient tranquilles ; mais il n'y avait pas de temps à perdre, car le ralentissement du feu de l'ennemi provenait probablement de ce qu'il s'occupait à changer la direction de quelques-unes de ses batteries. Je donnai le signal du départ. Mme Nicquet et sa fille aînée marchaient devant, suivies des serviteurs qui portaient les bagages ; moi, je formais l'arrière-garde, tenant par la main la petite Angèle, laquelle eut bien du chagrin de quitter ses camarades Picard et Courtecuisse. Par la rue d'Amiens et la rue de Béthune, nous gagnâmes la rue des Jésuites. Une fois là, je nous considérais comme en sûreté, parce que les maisons, à part quelques éclaboussures, y étaient encore intactes.

Huit heures sonnaient à la tour comme nous arrivions à la Croix-Sainte-Catherine, et déjà j'éprouvais un grand contentement en pensant : « Tu seras caporal, Louis, c'est sûr ! » lorsque j'entendis crier Mlle Lise qui venait de tourner le coin de la rue des Bonnes-Filles. Je me sentis devenir tout froid; d'un bond, je fus près d'elle, et ce que je vis me mit en grande colère : des gens de mauvaise mine entouraient les femmes et les menaçaient en disant :

— Ce sont des *ci-devant* qui déménagent ! — Ce sont des traîtres qui s'en vont en Belgique par la porte d'Ypres !... — Ils emportent des mille et des cents dans leurs grandes caisses, faut leur prendre ! — etc., etc...

Je vis bien tout de suite à qui j'avais affaire : c'étaient de ces fainéants qui grouillent au fond des nations comme la boue vermineuse au fond des rivières ; de ces lâches pillards qui, pendant que le vrai peuple se battait sur le rempart, poursuivait les obus ou éteignait les incendies, traînaient sournoisement dans les rues pour s'abattre sur les maisons en ruines comme des corbeaux sur des cadavres.

— Ça, leur dis-je, c'est la famille du capitaine Nicquet que je conduis chez M. Degand, parce que leur maison est bombardée. Place !

Il y en eut qui s'écartèrent ; mais un grand roux, tout débraillé, voulut barrer le passage.

— Je vois bien que ce sont des *ci-devant*, je les connais, répondit-il en ricanant.

Alors, je sentis des démangeaisons dans mes cheveux ; ça voulait dire : Louis va se fâcher.

— Dis un peu, mauvais gueux, que je suis aussi un *ci-devant*, moi !

Comme je criais très haut, exprès pour attirer du

monde, je vis accourir Buisine, le cabaretier des *Quatre Fils Aymon*, et Dumetz, le quincailler de la *Grosse-Chaîne.*

— Regarde, sans cœur ! hurlai-je plus fort, en montrant mon uniforme et mes mains tout noircis, voilà de la bonne poudre des canons de Lille ! Ce n'est pas toi qui pourrais en montrer autant !

Au même moment, Het, qui travaillait dans sa forge à faire des piques et des crochets pour la Municipalité, arriva avec ses forgerons.

— Ho ! ho ! dit-il quand il sut ce qui se passait, le père Nicquet, un rude citoyen...

Et, regardant de travers mes gueux qui n'étaient déjà plus si fiers, il releva les manches de sa chemise le long de ses gros bras durs et noueux comme des cuisses de bœuf :

— Attention, garçons !

— Tapez dessus ! criait Buisine tout en courant ; ce sont ces gueux-là qui ont attaqué la rue de la Barre, ce sont des traîtres !

Alors, mes gens se sont enfuis par la rue Doudin, sauf le grand roux et un autre. Ceux-là avaient de bonnes raisons pour ne pas s'éloigner : le maréchal les avait empoignés par le ventre, un dans chaque main, et les tenait applatis contre les pavés. On les emmena à la Commune.

— Maintenant, vous pouvez aller à vos affaires, canonnier, la route est libre. Petit-Jean, ajouta-t-il, va-t-en avec le citoyen canonnier; on ne sait pas ce qui peut arriver !

Ce Petit-Jean était une manière d'hercule qui aurait pu porter *Grosse-Marie* sur son épaule. Avec ce compagnon-là, on pouvait être tranquille : et nous le fûmes en effet, car nous arrivâmes sans autre accident à la porte de M. Degand.

— Maintenant, Louis, me dis-je en soupirant avec satisfaction, non seulement tu es sûr et certain d'être caporal, mais il ne dépend plus que de toi de parcourir une carrière brillante dans le corps des Canonniers, car M. Nicquet te couvre désormais de sa puissante protection.

Ayant promis à Mme Nicquet d'avoir l'œil sur sa maison et de lui faire parvenir chaque jour des nouvelles du capitaine, je partis du côté de la Grand'Place pour continuer d'une façon ou d'une autre à être utile à la Nation.

J'ai rencontré depuis bien des gens qui m'ont dit :

—Moi, à votre place, j'aurais fait tel ou tel bon coup ! — Moi, qui suis brave naturellement et que rien ne peut effrayer, j'aurais fait une sortie à la tête des *lurons* de Saint-Sauveur et j'aurais écrasé l'ennemi en le prenant par derrière. — Moi, j'aurais fait ceci ; moi j'aurais fait cela !

J'en ai entendu d'autres qui vantaient la bravoure et les ruses des Grecs et des Romains, pour nous humilier par la comparaison.

C'est certainement un grand bonheur pour ces gens-là d'être aussi bien doués ; et, pour ce qui est des Grecs et des Romains, je confesse que j'ignore si les Autrichiens les ont bombardés chez eux comme ils ont bombardé les Lillois; mais je n'en soutiens pas moins que les citoyens de Lille se sont comportés, pendant le siége de 1792, aussi crânement que n'importe quel peuple en n'importe quel temps, et que les plus vieilles moustaches en ont été frappées d'admiration.

Vous concevez bien que quand des bourgeois, qui n'ont jamais fait tort d'un patard à personne et qui sont accoutumés à vendre leur toile ou leur bière tranquillement dans leur boutique, voient leurs devantures enfoncées par les boulets, leurs maisons écartelées par les obus, leurs compères et leurs parents écrasés ou emportés, vous concevez bien qu'ils se trouvent contrariés et qu'ils se mettent un peu à crier.

C'est ce qu'ils ont fait le premier jour. Mais ils ont vite compris qu'ils pouvaient mieux employer leur temps et leurs forces, tant pour leur intérêt que pour la gloire de la Nation ; et le lundi matin, en passant dans les rues, à mon retour de chez M. Degand, je vis bien que, tout à fait revenus de leur panique, ils étaient déjà non-seulement habitués à la guerre, mais organisés de manière à réparer, autant que possible, les désastres continuels des batteries ennemies.

Chaque rue était disciplinée comme Reboux l'avait fait pour la nôtre ; dans chaque quartier il y avait une pompe manœuvrée par une compagnie de bourgeois et d'ouvriers et un dépôt de piques et de longs crochets pour abattre les toits enflammés. Aussitôt que des boulets rouges tombaient, ils étaient signalés par les guetteurs montés sur les pignons, poursuivis et noyés, et les enfants et les femmes les portaient dans des brouettes qu'on emmenait à la Commune. Non, personne n'avait plus peur ; au contraire, il y avait des gens qui péchaient par trop d'audace. Ainsi dans la rue Saint-Pierre, je vis une chose qui, tout en me pénétrant d'enthousiasme, me prouva jusqu'à l'évidence combien ceux qui disent que la sûreté est fille de la prudence, sont des hommes sages et bien avisés.

Louis Dupont, le tonnelier, avait juré qu'il n'arrêterait pas son marteau, à moins qu'on eût besoin de lui pour repousser l'assaut, et, de fait, coiffé d'un bonnet rouge, il était là, sur son trottoir, resserrant ses douves avec son maillet en chantant en mesure :

Aux armes, citoyens ! Formez vos bataillons !

Voilà qu'on crie d'une toiture : Gare la bombe ! Les gens, entraînant leurs enfants, rentrent à la hâte dans leurs maisons ; mais Dupont continue à taper sur son tonneau en répondant par un vilain mot que je ne répéterai pas par respect pour la compagnie ; et je me jette à plat sur le ventre en pensant :

— Pourvu qu'elle ne tombe pas sur moi !

Au même moment, j'entends une détonation effroyable, accompagnée de craquements de tous les côtés, de cliquetis de verre et de démolitions ; je me relève, en me serrant contre la muraille : le tonnelier ne chantait plus, il était étendu sanglant sur le pavé à côté de son tonneau tout défoncé. Un voisin arriva qui lui jeta de l'eau à la figure. Alors Dupont se souleva sur le coude, cria d'une voix rauque : « Vive la Nation ! » et retomba : il était mort.

Et les bourgeois, qui n'avaient rien vu, sortirent de leur maison en répétant :

— Vive la Nation ! mort aux Autrichiens !

Moi, je m'éloignai tout triste, en pensant que l'atelier de ce gai compagnon allait être muet désormais, et que sa femme et ses petits enfants n'auraient peut-être plus de pain à manger.

Comme je débusquais sur la Grand'Place, le commandant Desmazières et le lieutenant-colonel Danglas du 22e, avec un bataillon de la garde nationale, enfilaient la rue Esquermoise ; je vois un officier qui me fait des signes :

— Par ici, canonnier ; viens recevoir tes confrères !

C'était mon parrain, M. Lallou, le drapier de la Petite-Place.

— Bonne nouvelle, fieu ; le général Lamarlière arrive avec deux mille volontaires et les canonniers de Béthune !

— Allons-y, parrain.

Et je me mis à marcher à côté de lui jusqu'à la porte de la Barre. Le général et ses troupes attendaient, l'arme au pied, sur les glacis, la reconnaissance de la place, et, aussitôt que les ponts furent abaissés, ils entrèrent en fraternisant avec la garde nationale. Avec eux, étaient trente-sept canonniers bourgeois de Béthune, commandés par le lieutenant Bachelez et le sergent Carette.

Je ne peux pas dire que Béthune soit une ville imposante à voir ou plaisante à habiter ; non, je ne peux vraiment pas le dire, malgré toute ma bonne volonté ; mais je dois déclarer que ses habitants sont de courageux patriotes et qu'ils ont droit à la reconnaissance de tous les vrais Lillois, autant pour l'aide qu'ils sont venus leur apporter dans ces circonstances périlleuses que pour la bravoure dont ils ont fait preuve et la précision de leur tir.

Nous les avons menés à la Commune, où M. André leur a adressé des paroles cordiales et patriotiques, et leur a donné à déjeûner, parce qu'ils avaient grand'faim ; après quoi, on les a conduits à M. Guiscard, le colonel d'artillerie.

Les citoyens canonniers s'en venaient au bon moment,

car les choses avaient terriblement changé depuis le matin, comme je pus m'en apercevoir en retournant chez nous. On peut dire, sans exagérer, qu'il grêlait des bombes et des boulets. Dans le quartier de Fives, il n'y avait plus une seule maison intacte, et l'ennemi dirigeait maintenant son feu principalement sur la rue St-Sauveur et la rue de Paris, tout en éparpillant ses projectiles depuis la rue du Lombard jusqu'à la porte Notre-Dame, si bien qu'on ne pouvait plus faire le service des pompes qu'en risquant sa peau.

Sur les Ponts-de-Commines, à cinquante pas de moi, un même boulet, qui arriva en ricochant par la place des Reignaux, fit six morceaux de deux hommes et d'un enfant qui causaient sur un pont, en même temps qu'un obus, éclatant au milieu de la petite rue des Morts, allait tuer et blesser cinq personnes qui se croyaient en sûreté dans leurs maisons.

— Louis, me dis-je en me mettant à courir, tes galons de caporal ne valent plus quatre sous!

Or, vous pensez bien que dans la triste position où se trouvait la ville de Lille, je n'avais pas le cœur à la plaisanterie; eh bien! malgré toutes les misères de la patrie, je ne pus m'empêcher de rire en tournant le coin de la rue Saint-Genois.

Il y avait là, avec deux trompettes de la garde nationale, Cambier, le crieur de la ville, qui publiait une proclamation de la Municipalité engageant les citoyens, vu la gravité des événements, à envoyer leurs femmes et leurs enfants dans les campagnes restées libres, du côté d'Armentières, en leur promettant au nom de la République Une et Indivisible des indemnités proportionnées à leurs pertes. Le citoyen Cambier remplissait honorablement ses fonctions, et je n'ai pas besoin de dire que je ne me serais pas permis de gouailler un homme d'âge. Ce qui était drôle, c'était Sot-Cailleau qui ne le quittait pas d'une semelle et qui gambadait, promenant toujours avec lui son mannequin tout en loques, dans la bouche duquel, pendant que les trompettes sonnaient, il fourrait un entonnoir de ferblanc; puis, quand la grosse voix enrouée de Cambier s'élevait pour parler des infortunes du pays et du malheur des temps, il tombait sur son Autrichien à grands coups de bâton et lui arrachait à pleines mains ses entrailles d'étoupe. Cailleau se donnait beaucoup de mal, il suait sang et eau, et l'on voyait qu'il y avait de la rage dans le cœur du pauvre innocent; mais il était si bouffon qu'on était obligé d'en rire.

Lorsqu'il m'aperçut, il accourut à moi en traînant son marmouset par la patte :

— Cailleau a faim, me dit-il.

Alors seulement, je vis que de grosses larmes roulaient sur les maigres joues de ce malheureux et j'en fus remué jusqu'au fond des os. Vous n'avez peut-être jamais vu pleurer un insensé ; ça fait mal à considérer. Ses grands yeux semblaient plus écarquillés que d'ordinaire et il grelottait de tous ses membres, ce qui me fit deviner que la sueur qui couvrait son front était causée plutôt par la fièvre que par l'ardeur de sa bataille contre son Autrichien.

— Cailleau a faim, répéta-t-il; Cailleau te connaît, tu as battu les méchants qui voulaient tuer Cailleau....... Cailleau a faim.

— Eh bien, viens, Cailleau, la mère Filtier te donnera une assiette de soupe.

Ça allait bien mal, chez nous ; l'ennemi avait redoublé de furie ; parmi les voisins de notre rue, de la rue Saint-Genois et de la rue des Augustins, on comptait depuis le matin huit morts et une bonne quinzaine de blessés ; dehors, on ne pouvait tenir, et dans les maisons on n'était guère plus en sûreté. Des officiers municipaux, les citoyens Mourcou, Mottez et Hautecœur, étaient venus, au péril de leur vie, encourager les habitants des rues les plus maltraitées, mais ils avaient dû se retirer pour éviter une mort certaine. Toutes les toitures étaient déchiquetées par les boulets, bon nombre de maisons étaient par terre ; d'autres, penchées tristement, n'attendaient plus qu'un prétexte pour s'abattre, et comme, malheureusement, les Autrichiens nous envoyaient de ces prétextes par milliers, on n'osait s'approcher de peur d'être écrasé.

Je ne fus donc pas étonné, en entrant à la maison, de voir les mines allongées. Les hommes étaient aux canons ; les femmes, seules et sans encouragements, venaient de décider qu'elles iraient habiter la cave, afin de se mettre au moins à l'abri des obus. Il arriva alors une chose lamentable, qui me fit dire en moi-même :

— Un bienfait n'est jamais perdu, Louis, c'est la pure vérité.

Voici comment : Cailleau, qui s'était arrêté dans notre boutique pour pendre son Autrichien la hart au col, apparut dans la cuisine au moment où ma mère, un créchet à la main, ouvrait la porte de la cave.

Bondissant tout à coup par-dessus les chaises, il referma violemment la porte en repoussant ma mère, et, s'appuyant le dos contre la serrure :

— Cailleau ne veut pas ! dit-il tout pâle.

— Qu'est-ce qu'il dit, cet animal-là ? cria Mme Reboux en mettant ses poings sur ses hanches.

Les autres femmes étaient tout effrayées; mais moi, je me dis tout de suite qu'il devait y avoir quelque chose là-dessous et que ce fou-là, loin d'être aussi bête qu'il en avait l'air, pourrait bien, pour l'instant, avoir plus d'esprit que Mme Reboux elle-même.

Je m'approchai de l'innocent : ses mâchoires tremblaient.

— Pourquoi ne veux-tu pas, Cailleau ?

— Vous mourrez tous... tous... Cailleau ne veut pas !

Et il étendait ses bras sur la porte. Je me grattais le nez, car je ne savais que faire, et tout cela n'était pas clair.

— Qu'est-ce que tu as, Cailleau ?

— Cailleau n'a plus rien... Cailleau n'a plus de lit, plus de maison, plus de pain... Cailleau n'a plus d'amis... Tout a croulé... Ils ont crié comme des damnés...

Puis, la bouche ouverte, la tête inerte et ballottante, il ajouta sourdement :

— Cailleau a faim.

Pour l'apaiser, on lui donna une écuellée de soupe qu'il dévora avidement, et, question par question, mot par mot, nous lui arrachâmes enfin une épouvantable histoire.

Dans les temps, Cailleau avait été charitablement recueilli par une brave et honnête famille de la rue de Poids, qui avait eu pitié de sa misère, et dans la maison de ces pauvres gens il avait trouvé le pain de chaque jour et l'abri de chaque soir — action louangeable qui avait attiré aux Duparc la considération de toutes les bonnes âmes et l'affection exclusive du pauvre idiot. Or, Sébastien Duparc se trouvant aux remparts avec la garde nationale au moment où l'ennemi avait concentré son feu sur le quartier de Fives, les femmes et les enfants avaient fait ce que ma mère se disposait à faire : elles s'étaient réfugiées dans leur cave pour fuir les projectiles qui foudroyaient leurs habitations, et, leur maison ayant été incendiée et écrasée par les bombes, elles avaient été ensevelies vivantes sous les ruines embrâsées.

Cailleau, nous témoignant sa reconnaissance à sa manière, voulait nous préserver de cette horrible destinée.

Ma mère était devenue toute pâle, la langue de Mme Reboux semblait paralysée, et Victoire, qui était une amie de Julie Duparc, sanglotait, la tête dans son tablier. Moi, je laissai tomber ma cuillière : je n'avais quasiment plus faim ; Cailleau seul continuait à manger tout en pleurant, comme un pauvre fou qu'il était.

— Voilà cependant ce que produit la guerre, Louis, me disais-je en frémissant d'horreur. Si quelque mauvais gars assassinait traîtreusement un citoyen pour lui dérober sa bourse, on le pendrait, et tu dirais que c'est bien fait, et voilà des hommes que nous n'avons jamais vus, qui habitent un pays bien loin, bien loin, des hommes qui ont aussi des parents qu'ils aiment, des hommes à qui tu aurais rendu service si l'occasion s'en était présentée, les voilà qui viennent, même sans profit pour eux, massacrer sans pitié des femmes et des enfants! Que dirait Jésus-le-Nazaréen s'il voyait ces choses ? Il y a certains moments où l'on est humilié d'être homme, par la raison qu'il y a certains hommes qui déshonorent l'humanité !

VI

La Nuit du 1er Octobre 1792.

La Patrie était en grand danger, je le sentais bien ; aussi je me disais avec une conviction sincère et une tristesse profonde :

— La République est perdue, Louis, si la ville de Lille succombe ; c'est clair comme le jour. C'est pourquoi il faut non seulement manœuvrer avec un courage véritable, mais encore avec une adresse particulière. Te faire tuer, toi qui es au fond un brave garçon, ce serait le fait d'un imbécile ; il s'agit de démolir le plus possible de ces envahisseurs maudits, tout en conservant intacte ta carcasse qui peut être encore utile à la Nation par la suite des temps. Ouvre l'œil et marche droit !

Alors, je me mis à fumer consciencieusement ma pipe tout en tirant mon plan. Un quart-d'heure après, je secouai vivement les cendres, je pris un petit bidon rempli de victuailles pour le sergent Filtier, et je partis résolûment vers le rempart. Si les gens avaient fait attention à ma démarche à ce moment-là, s'ils avaient remarqué la façon dont mon chapeau écrasait mon oreille gauche, ils auraient pensé :

— Louis s'en va faire quelque mauvais coup !

Et ils auraient eu raison.

Je courus pendant plus d'une heure avant de rencontrer le capitaine Nicquet; enfin, je le trouvai : il était maintenant sur un avancé, entre la porte de Fives et le fort du Réduit, où il dirigeait le feu de six canons et de cinq obusiers. Il avait toujours son écouvillon à la main, comme la veille, seulement, toute sa figure était devenue également noire : on aurait dit un beau grand nègre.

Quand je lui eus raconté nos aventures du matin, qu'il fut assuré que sa famille était en sûreté, il me donna une si terrible poignée de main que je me dis tout de suite :

— Si c'est comme cela quand le capitaine est content, comment ça doit-il aller lorsqu'il est en colère !

—Ah ! s'écria-t-il en soufflant comme un orgue, enfin, je suis tranquille ! Maintenant, gare aux Kaiserlicks !

— Regarde, petit, ajouta-t-il en m'entraînant sur le

parapet et me montrant la batterie du *Petit-Annapes*; regarde-moi ces chiens-là, je vas les empêcher d'aboyer! Chargeons, et vivement, garçons!

Et il se campa sur une grosse pièce de rempart. Je voyais son grand nez crochu qui se frottait sur la culasse, ses yeux caves qui brillaient comme ceux d'un chat derrière ses sourcils, et je pensais que Het avait bien raison de dire que c'était là un rude citoyen. Il tira douze coups. Après le douzième, la batterie du *Petit-Annapes* était toute disloquée : elle n'avait plus que trois pièces qui marchaient.

— Tu diras ça de ma part à Reboux, petit.

Et l'écouvillon pirouettait tellement vite que des baladins même en eussent été étonnés.

— Capitaine, je venais aussi pour vous consulter.

— Parle, mon garçon.

Alors je lui détaillai mon projet, et quand j'eus fini, il me frappa sur l'épaule en me disant :

— Tu es un brave enfant, mais tu es trop jeune, et puis tu es canonnier : ta place est dans la forteresse. C'est égal, ton idée est bonne et elle sera exécutée. Attends.

M. Nicquet tira d'un bissac de cuir tout ce qu'il fallait pour écrire, griffonna quelques mots sur un papier qu'il ferma et me remit :

— Tu porteras ceci au capitaine Pottier, rue des Tanneurs, et tu t'expliqueras avec lui. Va petit!

A la brune, j'étais à la porte de M. Pottier, le fabricant de tabac de la rue des Tanneurs. En entrant chez lui, on sentait une si bonne odeur qu'il me semblait que ma pipe dansait toute seule de jubilation au fond de ma poche. Le citoyen Pottier, qui avait été élu au mois d'août capitaine de la Garde civique, était un homme tout jeune encore, brave et aventureux, comme beaucoup de Lillois de ce temps-là; dans la ville, on racontait de lui des traits d'une audace diabolique, et moi, je connaissais son numéro, comme on dit, par la raison qu'il avait fait plus d'une *partie de quilles* en compagnie du capitaine Chabot.

— Te voilà, Filtier, quoi de neuf ?

— Une lettre de M. Nicquet, mon capitaine.

A onze heures du soir, le compère Martin, cabaretier à l'enseigne de *Notre-Dame de Grâce*, près de la porte Notre-Dame, était tout content de voir ses bancs se remplir de buveurs, ce qui ne lui était pas arrivé depuis longtemps ; aussi il était là devant son comptoir les deux mains à plat sur son gros ventre et la bouche fendue jusqu'aux oreilles.

Un petit créchet qui fumait au bout d'une corde éclairait juste assez pour montrer vaguement le contour des objets et faire scintiller des fusils appuyés dans un coin. Dans l'ombre de la porte se tenait une sentinelle, et à chaque instant, une nouvelle pratique entrait en disant à voix basse : « *Chabot et Pottier* », allait déposer son fusil auprès des autres et venait boire un coup. Bientôt, il n'y eut plus de place dans le cabaret du compère Martin, et l'on dut se grouper sous l'auvent.

— Voilà le capitaine, dit une voix, prenez vos rangs.

Chacun alla prendre son fusil, et on s'aligna devant le citoyen Pottier.

— En route, mes lapins, serrez les rangs, et surtout la baïonnette, rien que la baïonnette, quoi qu'il arrive, sinon pas un ne reviendra. Filtier, tu as les marteaux et les clous ?

— Oui, capitaine.

— Alors, en avant, et vive la Nation !

Cette nuit-là a été une drôle de nuit, je peux le dire, et quand j'y repense aujourd'hui, je me demande comment des gens raisonnables ont pu ainsi tenter Dieu. Mais, dans ces temps-là, les Lillois étaient si malheureux qu'ils ne tenaient plus à leur vie : ils en avaient fait généreusement le sacrifice pour le salut de la République, et puis ils avaient éprouvé tant de misères qu'ils en étaient devenus comme enragés.

Le ciel était aussi noir que l'intérieur d'une bélandre à charbon, et comme le vent soufflait du nord-est, la fumée des canons nous empêchait de voir les feux du rempart et même l'incendie de la ville. Nous avancions en bataillon serré sur un front de quatre hommes et sans faire plus de bruit qu'un mulot dans les feuilles, car nous avions des lisières autour de nos souliers ; nous avions pris par la route des Postes afin d'être plus tranquilles, cachés que nous étions par les hauts talus de ces chemins creux. Je marchais en avant, à côté du capitaine, d'abord parce que c'était moi qui avait eu l'idée, ensuite parce que j'imitais très bien le cri du corbeau et de la chouette, et que c'était par le moyen de ces signaux que devaient se transmettre les commandements.

Aux Quatre-Chemins, nous avons tiré sur la gauche pour passer derrière le faubourg des Malades. Il faisait si noir dans la campagne que le diable n'y aurait pas vu sa queue ; mais le difficile était de traverser la grande route où nous allions nous trouver à découvert ; j'en avais d'avance la chair de poule et je me disais amèrement :

— Tu n'es qu'une fichue bête, Louis, de t'être fourré dans une pareille équipée. Si, au lieu de désobéir à M. Nicquet, tu étais resté tranquillement à fumer ta pipe auprès de Victoire, tu ne serais pas sur le point de te faire casser les os et tu aurais été caporal tout de même. Tu vois bien que tu ne fais jamais que des sottises, sans compter qu'il ne te sert de rien d'ouvrir l'œil, puisqu'il ne fait pas clair. Eh bien ! tu as fait là un joli coup !

A cent pas de la grande route, comme nous traversions un bouquet de vieux saules, le capitaine Pottier m'a dit tout bas :

— Fais *couac*, Filtier.

Ça ne m'était pas difficile, car, sans vanité, je n'aurais pas craint, dans ce temps-là, la concurrence de tous les corbeaux du pays pour ce qui était de parler leur langage.

La colonne s'est donc arrêtée, à couvert sous les arbres. C'était bien. Mais voilà que ce damné capitaine ajoute :

— Va-t'en voir un peu ce qui se passe sur la route.

Pour le coup, j'en suis devenu tout froid et j'ai eu une grosse envie de déguerpir ventre à terre par où nous étions venus.

—Allons, Louis, pensai-je, cette fois-ci, tout est bien fini, et tu n'as même pas la consolation d'écrire à tes parents ; voilà ce que c'est que de vouloir faire le fier-à-bras. C'est bien fait. Prends cependant toutes tes précautions pour te tirer de là ; mais il ne faut pas te faire illusion : si tu n'y laisses qu'une patte, tu seras un malin.

Par bonheur, il y avait toute proche une belle haie de sureau bien touffue ; j'ai fait un temps de course à travers le champ qui m'en séparait, et je me suis glissé subrepticement au milieu des branches.

J'ai toujours aimé la verdure, mais je peux assurer que jamais elle ne m'a paru aussi agréable et bienfaisante qu'à ce moment-là.

J'ai donc réussi à gagner sans dommage le fossé qui bordait le grand chemin, et je m'y suis blotti, le nez en l'air, comme un lapin dans son trou. C'est alors que je me félicitai cordialement d'être le fils d'un homme prudent et avisé, et d'avoir écouté d'une oreille respectueuse les exhortations paternelles, car, si j'étais venu simplement examiner les environs, les mains dans les poches, en sifflottant un air de *Brûle-Maison,* je n'aurais plus jamais retordu le moindre bout de fil, par la raison qu'il y avait à quinze pas, au beau milieu de la chaussée, un grand diable de fantassin, l'arme au bras, qui n'était certainement pas là pour enseigner la route aux passants.

Je fis le mort pendant quelques minutes, et je l'entendis pousser le cri des sentinelles autrichiennes : « *Hutet eusch !* » qui fut répété en décroissant dans la direction de Seclin, mais auquel personne ne répondit du côté de Lille.

— Bon, me dis-je, ce sont les avants-postes ; en remontant un peu vers la porte, nous pourrons passer.

Je me repliai sur la colonne avec d'habiles précautions, tout en riant au-dedans de moi-même et en m'adressant des éloges sincères :

— Louis, tu n'es positivement pas un homme ordinaire, et je te prédis une carrière aussi glorieuse qu'accidentée.

Et j'allai faire mon rapport au capitaine Pottier. Après avoir pataugé cinq minutes dans les labourés, nous traversâmes sans encombre les routes d'Arras et de Douai; mais alors nous nous trouvâmes dans une position vraiment désagréable : nous étions pris entre le feu de la place et celui des assiégeants. Les bombes passaient audessus de nous, mais il n'en était pas de même des boulets, qui étaient tirés presque horizontalement, et qu'on entendait casser les arbres à dix pas de nous, sur notre gauche.

— Il n'y a pas à tortiller, Filtier, me dit le citoyen Pottier, il faut avancer droit sur les Autrichiens, si nous ne voulons pas être coupés en deux par les canons lillois.

Autant que j'en pouvais juger, nous devions être à la hauteur de la Noble-Tour. Nous fîmes un quart de conversion à droite, et nous marchâmes carrément devant nous, sûrs et certains de nous heurter sur les postes ennemis; mais il n'y avait pas moyen d'hésiter. En effet, nous n'avions pas fait mille pas qu'on cria sur notre flanc gauche :

— Wer da?

— Tonnerre! Nous sommes f....., murmura le capitaine.

Je me mis à trembler de tous mes membres, et à tout hasard, sans trop savoir ce que je disais, je répondis vivement :

— Gut freund!

C'était tout ce que je savais de flamand. On ne tira pas : nous l'avions échappée belle ; — ce qui démontre clairement l'utilité des langues étrangères.

Nous approchions des tranchées : on voyait le feu des batteries comme si on avait été dessus, et le fracas de la canonnade nous permettait maintenant d'avancer sans crainte d'être entendus. Un quart-d'heure après, nous avions dépassé les lignes ennemies en les laissant à notre gauche, et nous étions en plein campement. Or, nous avions su par le citoyen Van Poucke, lequel avait réussi à s'échapper des mains des Kaizerlicks, que sur les derrières, à droite de la batterie du *Petit-Annapes,* l'ennemi avait dressé un parc où il tenait en réserve une vingtaine de canons de siége : c'était là le but de notre promenade

— Nous approchons, attention !

Et le commandement passant de rang en rang, chacun s'apprêta à manœuvrer avec adresse et dextérité. On n'entendait rien, on ne voyait rien, tant on était assourdi et aveuglé par les batteries ; si bien que nous n'entendîmes le « *Wer da?* » de la sentinelle que quand nous eûmes le nez dessus. On ne s'amusa pas à lui répondre, à celle-là : le capitaine lui plongea brusquement son sabre dans la gorge et l'on passa outre. A quelque distance était le corps-de-garde avec une autre sentinelle : c'était là ce qu'il y avait de plus compliqué dans l'entreprise, car une fois le poste emporté, les canons étaient à nous.

Le capitaine Pottier divisa la colonne en trois corps : l'un resta immobile pour assurer la retraite, le second devait aller aux pièces, pendant que le troisième cernerait le corps de garde et s'en emparerait à l'arme blanche, le bruit du combat devant être étouffé par la canonnade. Mais auparavant, il fallait supprimer le factionnaire, ce qui n'était pas commode.

L'ennemi avait établi le corps-de-garde de son parc de

réserve dans une chaumière dont il avait peut-être égorgé les habitants, et la seconde sentinelle se tenait près du seuil en causant avec les soldats de l'intérieur. J'apercevais distinctement sa silhouette se découper en noir sur le cadre lumineux de la porte, et je me demandais comment nous sortirions de tout ce qu'il nous restait à faire, lorsque Roussel Bras-de-Fer sortit des rangs et s'avança vers la maison sans plus se gêner que s'il rentrait chez lui. Le soldat, pensant que c'était un de ses camarades qui rentrait, s'écarta un peu en le voyant venir dans l'ombre. Nous suivions Roussel à cinq pas de distance ; nous le vîmes lever ses bras et nouer ses mains d'hercule autour du cou de l'Autrichien qui s'affaisa sans lâcher un soupir.

— C'est le moment, va, Filtier, me cria le capitaine.

Et le laissant attaquer le poste, je courus droit aux canons avec cinquante gaillards munis de clous et de marteaux. A chacun son métier : moi, je n'aime pas à massacrer les gens.

Avec nos doigts nous cherchions la lumière, nous y mettions un gros clou sans tête et nous tapions comme des sourds jusqu'à ce qu'il fut enfoncé au ras de la culasse. En moins de dix minutes le tour fût joué : nous en avons encloué vingt-six.

—Voilà des gueux qui ne démoliront toujours pas nos maisons, pays !

Les autres avaient vivement travaillé aussi : le corps-de-garde était nettoyé; mais François Buquart, le boulanger, et Martin Delly, le passementier, avaient reçu leur compte, et cinq ou six, tout ensanglantés, se serraient le ventre ou se tenaient la tête; on les emporta comme on put.

— En retraite et vitement, mes agneaux, il ne s'agit pas de lanterner.

Et à cinq heures du matin, nous arrivions, épuisés de fatigue, aux bastions de la porte Notre-Dame.

VII

Le 2 Octobre 1792.

Vous croyez sans doute qu'en rentrant en ville après cette nuit mémorable, j'ai été me vanter sans mesure, disant aux uns et aux autres : « C'est moi qui ai eu l'idée de l'expédition glorieuse que nous venons d'exécuter ; c'est moi qui, sur la route d'Arras, suis allé en éclaireur jusque sous la barbe d'un factionnaire autrichien, lequel avait à la main un fusil chargé, avec une baïonnette pointue au bout ; c'est moi qui ai dit les mots flamands sans lequels nous aurions tous été escoffiés ; c'est moi qui ai muselé vingt-six canons en leur fourrant dans le gosier un petit os qu'on aura du mal à leur extirper », et autres paroles vaniteuses du même genre ?

Eh bien ! vous vous trompez : je suis allé tout droit me coucher. Et j'avais même tant sommeil que je dormais quasiment tout en marchant, si bien qu'il me serait aussi impossible de vous dire quelles rues j'ai traversées pour rentrer à la maison que de vous raconter ce qu'il se passait dans ces rues à ce moment-là, et que j'ai dormi jusqu'au soir sans m'arrêter.

Vous pensez peut-être aussi que je ne sais pas les événements qui ont marqué cette journée, et vous allez vous dire :

— Voilà une chose fâcheuse ; c'est ainsi qu'on ne peut jamais entendre un récit exact et complet et qu'il reste dans l'histoire des nations des lacunes vraiment regrettables.

On voit bien que vous n'avez pas connu Mme Reboux, sans quoi vous ne parleriez pas de la sorte. Cette personne honorable aurait fait certainement une maladie grave si des circonstances imprévues l'avaient empêchée de parler tout son soûl ; aussi, malgré les dangers innombrables qui entouraient les gens assez hardis pour parcourir les rues comme en temps ordinaire, Mme Reboux *voisinait* et *commérait* dans les environs ni plus ni moins que s'il n'y avait eu ni siége, ni canons, ni bombes, ni Autrichiens. Ce jour-là même, ce fut elle qui se chargea de porter à nos canonniers la pitance quotidienne. De sorte que, la voyant passer avec son air gaillard et résolu, les petits et les grands disaient en se la montrant les uns aux autres avec admiration :

— C'est Mme Reboux qui porte le dîner à son homme ; ça fait une fameuse paire de patriotes, ces deux-là ! Bonjour, madame Reboux !

C'est elle-même qui m'a conté cela, le soir, sur le coup de cinq heures, pendant que je faisais mon repas.

Elle m'a dit encore des choses qui m'ont tout à fait attendri. *Le Pointeur*, bien qu'il fut couvert de gloire à cause de ses exploits, était un homme simple et juste qui aimait tendrement sa femme. Aussi, quand elle arriva au milieu des canons en feu, des tas de boulets et des caissons pleins de poudre, il comprit de suite les périls qu'elle avait dû braver dans le seul but de lui apporter à manger, et, pénétré de reconnaissance pour cette brave citoyenne, il la saisit dans ses bras et l'embrassa coup sur coup pendant plusieurs minutes. Voyant cela, un jeune canonnier de Béthune, le citoyen Leclercq, se mit à pleurer en pensant que, lui aussi, il avait laissé là-bas sa bonne ménagère et ses petits enfants pour venir secourir la patrie et que peut-être il ne les reverrait plus.

La voix de Mme Reboux tremblait en narrant ces détails, et moi j'avalais ma soupe, la tête courbée sur mon assiette, et je voyais mes larmes glisser une à une jusqu'au bout de mon nez ; je me serrais contre Victoire que j'avais entourée de mon bras gauche, je sentais sa poitrine bondir sous la même émotion qui me suffoquait et je me disais :

— S'il te fallait aussi quitter ta chère Victoire, Louis, est-ce que tu n'aimerais pas mieux mourir ?

Le 2 octobre 1792, Reboux-le-Pointeur exécuta des faits merveilleux—tant il est vrai que la présence de ceux qu'on affectionne donne aux gens du cœur à l'ouvrage. Il travailla si habilement, démolit si bien les batteries autrichiennes, leur abattit tant d'artilleurs avec ses obus, que l'ennemi fut obligé, à plusieurs reprises, de suspendre son feu, notamment à deux heures de relevée, où les assiégeants restèrent pendant une grande heure, ne tirant plus que d'une dizaine de pièces.

En entendant la cousine Reboux raconter ces choses, je m'essuyai le nez et ne pus m'empêcher de rire.

— Pourquoi ris-tu, petit ? demanda ma mère.

Alors, je racontai le bon tour que nous avions joué la nuit précédente, en ajoutant que, si les Kaizerlicks avaient compté sur leur réserve pour remplacer les pièces que le Pointeur et les autres leur avaient fracassées, ils devaient être joliment attrappés.

— Tu as fait ça, toi, petit Louis ! s'écria Mme Reboux toute effarée ; eh bien ! tu es un homme, garçon, et un fameux encore! Oui, cousine, je te le dis : c'est un fameux homme que ce garçon-là;... c'est un homme comme Reboux... Vois-tu, c'est dans la famille, ça ; c'est dans le sang !

Quant à Victoire, elle ne dit rien, mais elle leva sur les miens ses deux grands yeux noirs et doux comme du velours et je me sentis frissonner jusqu'à la moëlle des os.

Cependant, quoique les Lillois eussent donné l'exemple de grandes vertus et eussent prouvé, en pratiquant sincèrement l'Egalité et la Fraternité, qu'ils étaient de vrais républicains, tout n'allait pas pour le mieux dans la bonne ville de Lille. La Municipalité avait déclaré que les citoyens qui offriraient asile à leurs frères sans abri trouveraient à la Commune de l'argent et la récompense de leur patriotisme; mais, bien que chacun eût droit à ces indemnités, personne ne s'était présenté, — par la raison que, quand on agit de cette manière, c'est par bonté de cœur et non pour en être payé.

Et pourtant, autant de briques tombaient, autant de gens se trouvaient sur le pavé, augmentant le nombre de ceux qui n'avaient plus ni toit ni pain, et la quantité des malheureux qui avaient faim allait toujours croissant: la farine devenait rare et se consommait vite, d'autant plus qu'il arrivait incessamment des bataillons de volontaires qu'on était obligé de nourrir convenablement à cause de leurs grandes fatigues. Il paraît que la Municipalité et le Conseil de guerre étaient dans une grande inquiétude, car il eût été regrettable de rendre la ville à cause du manque de vivres, et d'un autre côté, ils n'auraient pas voulu voir mourir de faim un peuple qui se comportait si vaillamment. Les choses en étaient là, quand un particulier, capitaine dans la garde nationale, le citoyen Alavoine, vint les mettre tout à fait à leur aise en leur proposant un coup d'audace.

Je suis sûr et certain qu'il n'y a pas un seul bon patriote, depuis Lille jusqu'à Béthune, qui n'ait gardé au fin fond de son cœur un grain d'amitié pour le vieux M. Alavoine. Vous l'avez bien connu, vous autres, mes anciens, sa large figure si joyeuse et si bienveillante que, rien qu'on la voyant, on pensait :

— Cet homme-là, on n'a qu'à lui dire qu'on a faim pour qu'il vous invite à dîner.

Je peux ajouter qu'il a rendu plus de services au pays et tiré plus de gens d'embarras qu'il n'avait de poils sur la tête (et cependant il jouissait d'une bien belle chevelure). Aussi les Lillois l'avaient en grande estime et le considéraient comme un homme précieux pour la nation, courageux dans l'action et judicieux dans le conseil.

Mais, pour ce qui était de son métier, je dois dire que le citoyen Alavoine était fait pour être filtier comme moi pour être évêque ; c'était une manière de grand savant, toujours le nez dans les livres, et ayant dans son bureau toutes sortes de machines singulières ; et je me suis même laissé dire qu'il connaissait, à un pouce près, la distance de la terre au soleil et la grosseur de la lune. Certes, si ces choses sont vraies, il faut avouer que M. Alavoine possédait une rare science ; qu'il aurait fallu parcourir bien des pays pour trouver son pareil, et qu'on aurait dû le combler d'honneurs et de distinctions.

Mais il n'était pas fier ; de sorte que, au lieu de prétendre aux premiers emplois de la République, il restait tranquillement filtier dans sa maison de la rue Saint-Maurice.

Donc, le citoyen Alavoine, qui aimait que tout le monde fût content, ayant appris avec chagrin que beaucoup de braves gens allaient périr faute de vivres, par la raison que les greniers de la Municipalité ne contenaient plus que des sacs vides, se présenta à la Commune le 2 octobre 1792, et adressa à M. André ce discours mémorable :

« Citoyen Maire,

» La férocité des despotes déchaîne sur notre ville la famine en même temps que la destruction et la mort. Si c'est le devoir des hommes libres de châtier les tyrans, c'en est un non moins grand pour eux de secourir leurs frères. Autorisez-moi à appeler des volontaires, et, avant deux jours, je vous aurai fourni une voiture de grains par dix hommes que vous me donnerez, ou bien je serai mort. »

Ainsi parla cet homme énergique. La Municipalité, remplie d'admiration et d'enthousiasme, après avoir déclaré qu'il avait *bien mérité de la Nation,* le renvoya muni de pleins pouvoirs, et, le soir même, à six heures, l'expédition de ravitaillement défilait en bon ordre par la porte de la Barre. C'étaient les chariots des citoyens brasseurs Vandamme, de la rue de la Baignerie, Delemer, de la rue du Grand-Magasin, Danniaux, de la rue de la Picquerie, et Vandenboghart, du quai de la Haute Deûle, escortés de cent volontaires sous les ordres du capitaine Alavoine et du lieutenant Lallou, mon parrain, de qui je tiens ces détails.

A sept heures, on était à Lomme ; à huit, on arrivait à Wez-Macquart, où l'on s'arrêta pour faire souffler les chevaux et se rafraîchir le gosier ; puis on repiqua vers Armentières.

M. Alavoine, qui était un fin calculateur, avait manigancé son plan de la bonne manière. Il savait que le pauvre monde doit suer pendant des jours et des jours pour faire pousser le blé dans les champs, et il s'était dit :

— Prendre par la violence le bien du paysan, ce serait agir comme un Autrichien !

Conséquemment, il avait fait charger sur l'un des chariots une grande caisse que quatre hommes avaient eu de la peine à transporter, en déclarant tout haut, de façon à être entendu par tout le monde :

— Ça, c'est de l'argent pour payer le grain que nous allons chercher. Veillez-y, citoyens !

Dès lors, il était bien sûr que personne n'y toucherait.

Les Armentiérois, que l'on avait prévenus par une

estafette, attendaient la colonne et la reçurent triomphalement, tant la bravoure des Lillois avait touché ces hommes simples et justes. Les habitants embrassaient lesvolontaires, leur offrant toute espèce de choses, leurs maisons et leurs victuailles, et plusieurs d'entre eux donnèrent des sacs de farine sans vouloir en accepter le prix, notamment la famille Delangre, qui en fournit une pleine voiture.

Vers le milieu de la nuit, le capitaine, ayant acheté quatre autres chargements, en confia la garde aux citoyens d'Armentières, renforcés de trente gardes nationaux, qui se chargèrent de les emmener à destination le lendemain, avec les pompes que l'on attendait de Dunkerque, et se rabattit sur La Bassée, où, par l'influence de sa famille, il espérait pouvoir compléter ses approvisionnements.

Cependant, le lendemain, quand le convoi de vivres arriva à Lille et qu'on sut que c'était le brave capitaine Alavoine qui envoyait cela, il y eut grande allégresse parmi les malheureux. On vit nombre de gens affamés, qui par patriotisme avaient caché leurs besoins, suivre pas à pas les chariots, qu'ils couvraient de leurs regards anxieux; on vit dans les rues, aux portes et aux fenêtres des maisons, bien des pauvres femmes en pleurs embrasser passionnément leurs petits enfants tout pâles qui demandaient du pain, et le nom d'Alavoine passa de bouche en bouche jusque dans les ruelles les plus ignorées.

—C'est un brave, disaient des gens dont les guenilles sanglantes, les yeux caves et les joues creuses révélaient les horreurs inconnues du bombardement ; c'est un homme qui a des entrailles pour le peuple ; pourvu que ces gueux de Kaizerlicks ne le tuent pas !

A cette occasion, il se passa à Lille une chose remarquable et digne d'être transmise aux générations futures.

Vers les deux heures de l'après-midi, il y avait grande affluence à la Basse-Deûle ; le quai en était encombré depuis le Pont-Neuf jusqu'à la rue à Claques : c'étaient, pour la plupart, de pauvres diables à qui la Municipalité venait de distribuer de la farine, et qui mangeaient pour la première fois depuis quarante heures et plus. Les anciens du peuple étaient là, au milieu d'eux, délibérant sur ce qu'on pourrait bien faire pour remercier le généreux citoyen qui avait rendu aux Lillois un service aussi éclatant.

Après que les uns et les autres eurent exposé leurs sentiments, il fut décidé qu'une députation des *Vingt-Hommes* et des *Portefaix* s'en irait trouver la citoyenne Alavoine à cette double fin de lui exprimer la reconnaissance populaire et de l'inviter à venir en leur compagnie et à leurs frais manger un hareng-saur et boire une canette de bière au *Cat-Barré*.

Ces bonnes gens, bravant les bombes et les boulets,

se mirent en route en chantant *la Marseillaise,* et ramenèrent avec eux la citoyenne, qui était, à cette époque, fraîche et jolie comme une vraie fille de Flandre. Elle marchait au bras du vieux Lepercq, le doyen des *rouleurs de vin,* embrassée et cajolée par les femmes, caressant les enfants, escortée par des milliers de compagnons qui n'avaient pas froid aux yeux, et l'on peut dire avec sincérité que Marie-Christine, l'*archi-tigresse* d'Autriche, n'avait pas une garde qui pût se comparer à celle-là pour l'affection et la fraternité.

Le même soir, comme onze heures sonnaient à la tour Sainte-Catherine, le capitaine et ses volontaires arrivaient à la porte de la Barre avec six nouveaux chariots surchargés de vivres et une charrette contenant cinq blessés, par suite d'un engagement avec des maraudeurs autrichiens.

Quoiqu'on ne l'attendît pas si tôt, les gens du quartier sont accourus lui faire escorte et l'acclamer, car c'était la vie pour eux et pour leurs familles qu'il rapportait dans ses fourgons. Ignace Cado, le paveur, tenant par la main sa petite fille, s'approcha de lui et lui montra ses gros bras en parlant au nom de tous :

— Nous en avons chacun deux, citoyen capitaine, et si vous en avez jamais besoin.... suffit ! Je ne vous dis que ça !

M. Alavoine riait en entendant cela ; on voyait qu'il était content d'avoir obligé ce brave monde.

Enfin, après que le convoi eut été mis en sûreté dans la cour de la Commune, après qu'il eut conduit les blessés chacun chez eux, il s'en retourna à sa maison, et s'il n'a pas bien dormi cette nuit-là, c'est qu'il n'y a pas de justice là-haut.

Le citoyen Alavoine n'a jamais voulu réclamer l'argent qu'il avait dépensé pour le service de la Nation, non plus que les récompenses patriotiques auxquelles il avait droit : il est resté filtier comme devant.

Il y a des gens qui assurent qu'un homme averti en vaut deux : ça me paraît exagéré ; mais je peux déclarer que quand on a bien dormi et mangé à sa faim, on peut compter pour un et pour un bon.

Moi, le soir du 2 octobre, non seulement j'avais dormi et dîné, mais Mme Reboux avait prononcé à mon endroit des paroles entraînantes, et Victoire m'avait brûlé le sang avec certains regards qui vous retournent un homme ; de sorte qu'à ce moment-là, si on m'avait dit d'aller étrangler le tyran Albert derrière ses tranchées, j'y serais parti tout de suite. Aussi je pensais, tout en fumant ma pipe au coin du feu, et en faisant tranquillement ma digestion :

— Il faut avouer, Louis que tu es un garçon particulièrement privilégié. Tu as dormi sur un bon matelas, alors que tant de pauvres diables n'ont plus de maison ; tu viens de manger une soupe aux choux, du lard et des pommes de terre, quand nombre de tes compatriotes n'ont même plus une croûte à se mettre sous la dent ; ta maison est intacte, à quelques égratignures près ; tous tes parents sont en bonne santé ; Mme Reboux te dit des choses agréables, — ce qui ne s'est peut-être jamais vu, — et ton amoureuse te câline comme si tu étais son petit enfant. Oui, tu as une fameuse chance, et si les Kaizerlicks pouvaient s'en aller pendant que tu es ainsi au faîte de la gloire, ce serait pour toi une bien belle affaire.

Alors je mis ma pipe dans ma poche et je me levai pour aller voir, du côté des bastions, où en étaient les choses et si ces gueux d'Autrichiens n'allaient pas bientôt nous laisser tranquilles. J'embrassai tout mon monde, — car en ces jours-là quand on se quittait on ne pouvait pas savoir si l'on se reverrait jamais : la mort courait dans les rues.

De grosses larmes roulaient sur les joues de Victoire ; elle se pendit à mon cou en se serrant si tendrement contre moi que j'eus une folle envie de me rasseoir, et je l'eusse fait, oui, je l'eusse fait, au risque d'être blâmé par mes contemporains... Mais Mme Reboux était là, et j'avais grand'peur des reproches énergiques de la terrible citoyenne. Je pris donc mon courage à deux mains, comme on dit, et j'ouvris la porte en soupirant.

— Arrive, Louis, l'hôpital brûle !

C'était Louis Mendez, le fils du corroyeur, notre voisin, qui m'appelait en passant. Mais j'étais tout triste d'avoir quitté Victoire, de sorte que je lui répondis brusquement :

— Eh bien ! que veux-tu que j'y fasse ? Laisse-moi tranquille !

Il s'arrêta tout ébahi.

— Tonnerre ! Et les blessés, on ne peut cependant pas les laisser rôtir !

— Ah ! c'est juste. Allons !

Il faisait déjà presque nuit, si on peut appeler nuit le jour rougeâtre qui remplaçait vers les huit heures, la lumière du soleil. Nous nous mîmes à courir. J'avais cru qu'il était question de l'hôpital Saint-Sauveur ; mais en voyant Mendez enfiler la rue du Dragon, puis la rue du Molinel, je compris qu'il s'agissait du couvent des Jésuites, dans la rue de l'Humanité, où l'on avait transporté un grand nombre de citoyens et de soldats blessés au service de la République.

C'était une grande et belle bâtisse en pierre, majestueuse à l'extérieur et magnifique au-dedans ; en entrant, on voyait du premier coup-d'œil que les ci-devant jésuites étaient tous des gens de qualité, et que si leurs longues robes noires modifiaient leurs dehors en les rendant fort laids, elles ne changeaient en aucune façon leurs habitudes de grands seigneurs. Mais dans ce temps-là, il n'y avait plus un seul jésuite sur le sol sacré de la patrie : la Nation, jugeant qu'ils étaient dangereux pour le pays et qu'on pouvait employer leurs palais et leurs richesses plus utilement qu'ils ne le faisaient, les avait mis tout simplement à la porte. Je dis cela pour vous expliquer comment il se trouvait des blessés là où jadis il n'y avait que des jésuites.

Comme nous arrivions devant l'abreuvoir, les flammes sortaient par les fenêtres des greniers, le plomb des gouttières tombait par larges gouttes qui s'applatissaient en clapotant sur le pavé; de temps en temps de nouveaux boulets rouges venaient s'enfoncer dans les toitures en feu du couvent ou des maisons voisines. On entendait dans l'intérieur les hurlements de désespoir que poussaient les malades surpris par les flammes, et l'on voyait les plus valides d'entre eux se presser aux fenêtres du premier étage; mais arrivés là, ils se tordaient les mains avec frénésie, car ils étaient arrêtés par ces gros barreaux de fer qui font ressembler — je n'ai jamais bien su pourquoi—les châssis des couvents à des soupiraux de prison.

Beaucoup de citoyens, bourgeois et militaires, s'efforçaient de combattre le feu au moyen de deux pompes boiteuses et disloquées; mais, malgré leur bonne volonté, ils arrosaient les assistants bien plus que l'incendie; —ce que voyant, les citoyens officiers municipaux Selosse, Sheppers et Brovellio se mirent à crier :

— En avant! Aux blessés! et laissons brûler la biçoque!

Alors, ce fut un spectacle réjouissant pour le cœur :

tout ce qu'il y avait là de patriotes s'élança dans l'intérieur, au milieu de la fumée et des planchers qui s'enfonçaient, tandis que d'autres, montés sur des échelles, attaquaient les grilles des fenêtres à grands coups de pics et de haches. On aurait dit un assaut.

Mendez et moi, nous sommes entrés avec M. Selosse, tout droit au premier étage, où nous avons organisé à la hâte un va-et-vient avec ceux qui se trouvaient sur l'escalier ; on descendait les plus malades avec leur matelas ; les autres on les prenait à deux bras et on les passait à son voisin, qui les passait à un autre, et ainsi de suite, jusque dans la rue. Pendant ce temps-là, nous entendions l'incendie crépiter au-dessus de nos têtes et nous apercevions des petites flammes pétiller entre les poutrelles du plafond qui craquait.

Je ne quittais pas de l'œil une grande fenêtre, que les amis du dehors achevaient de débarrasser de ses bar reaux, et je me disais :

— Attention, Louis, si les choses se gâtent, c'est par là qu'il te faut filer. Ouvre l'œil, mon bonhomme !

Tout à coup, M. Selosse cria dans le corridor :

— Le haut est vide. En bas tout le monde !

Et Mendez, qui était près de la porte, se précipita dans l'escalier en m'appelant :

— Gare à toi, Filtier !

Au même moment, tout s'ébranla, les plafonds s'ouvrirent, et, comme je sautais par la croisée, toute la toiture s'effondra, entraînant les charpentes au milieu d'un effroyable tourbillon de flammes et d'étincelles. Mais j'étais déjà par terre, — tant il est vrai qu'on est subtil quand il s'agit de sauver sa peau.

Le rez-de-chaussée, qui était solidement voûté, avait résisté au choc et préservé ceux qui s'y trouvaient; mais je compris vite que les malheureux qui s'étaient laissé surprendre dans l'escalier et dans les corridors n'avaient pas eu la même chance : il s'y était formé une épouvantable fournaise dont on ne pouvait s'approcher.

Quand je vis ces choses, je tremblai de tous mes membres, mes jambes se dérobèrent sous moi; puis, je me redressai, je me précipitai éperdument à travers tout, sans plus m'occuper des flammes que des blessés, et en criant de toutes mes forces :

— Mendez! Mendez! Par ici, Mendez!

J'ai couru ainsi pendant un gros quart-d'heure; j'ai traversé et retraversé toutes les salles, les préaux, les cours, et c'est miracle que je n'ai pas laissé mes os au milieu de ces écroulements. Enfin, épuisé, désespéré, sûr et certain que mon pauvre camarade avait été englouti dans les ruines, victime de son dévouement à la Nation, je m'assis sur les marches de la chapelle et, la tête dans mes deux mains, je me mis à pleurer amèrement.

Un homme qui pleure, c'est toujours preuve de grande misère; aussi l'on voit tout aussitôt les bonnes gens se rassembler et se questionner les uns les autres avec une profonde sollicitude : — Qu'est-ce qu'il a ? — Son père vient d'être écrasé ! — C'est sa sœur qui s'est cassé la jambe ! — Sa mère a été brûlée vive ! — Vous n'y êtes pas : toute sa famille a été ensevelie sous sa maison qui s'est écroulée !

J'entendais tout cela et bien d'autres suppositions agréables, quand deux voix plus jeunes et plus sympathiques se firent entendre à ma gauche :

— Tiens, un canonnier !

— Il est blessé : il tient sa tête !

— Il va peut-être mourir : c'est triste.

— Pauvre homme ! Mais non, on dirait qu'il pleure !

— C'est peut-être parce qu'il a du mal.

— Demande-lui un peu ce qu'il a.

— Je n'ose pas, Marianne !

— N'aie pas peur ; je vas lui demander, moi ! Eh ! citoyen !

Alors je levai la tête : c'étaient Price et Marianne, deux bambins de Saint-Sauveur que je connaissais bien et qu'on appelait dans le quartier *les petits amoureux*, à cause de leur grande amitié.

On voyait bien que les pauvres petits n'avaient pas toutes leurs aises dans ces temps difficiles : leurs vêtements étaient presque en loques, leurs pieds étaient nus dans leurs sabots et ils étaient coiffés l'un et l'autre de vieux bonnets de police à cocarde tricolore, défroques de quelque soldat charitable. Le garçon portait un tambour, presque aussi grand que lui, pendu à ses épaules par un baudrier trop large qui lui montait jusqu'à l'oreille ; il tenait d'une main des baguettes aussi longues que ses jambes et son autre bras s'appuyait autour du cou de sa compagne.

— Seigneur ! c'est M. Filtier !

— Vous avez bien du gros chagrin, Monsieur Filtier?

— C'est qu'il y a des braves qui sont morts là-dedans, mes enfants !

A ce moment, le citoyen Brovellio passa en courant et en criant :

— Le rappel, tambours, le rappel ! Tout va tomber !

P'tit-Price saisit crânement ses baguettes et se mit à battre des *ran* et des *ranplan* qui eussent fait honneur à un ancien. Mais comme l'enfant n'était pas solide, il en eut vite assez ; alors il sortit vivement de dessous son baudrier et repassa la caisse à Marianne, qui continua vigoureusement la batterie.

Ça faisait plaisir à voir. Ah ! les Lillois de ce temps-là, on peut dire que c'étaient de véritables patriotes !

Et Price et Marianne étaient deux braves cœurs. Je les ai retrouvés au 25ᵉ, puis à l'*hôpital général*, bien des années après... C'est une histoire singulière et attendrissante, dont on parlera encore bien longtemps dans les vieilles maisons du quartier Saint-Sauveur.

Célestin et Joseph Price étaient deux bons lurons,

charpentiers de leur état, qui avaient épousé deux sœurs, leurs amoureuses. Ils habitaient la même maison, rue du Curé-Saint-Sauveur, et ils étaient si amiteux les uns envers les autres qu'on aurait dit qu'ils avaient toujours vécu ensemble. Le même jour, Célestin eut un garçon et Joseph une fille, ce qui causa une joie profonde dans la famille. Tout allait pour le mieux; ils étaient heureux comme des gens qui s'aiment bien et qui n'ont jamais fait de mal à personne, quand un jour Célestin se laissa choir du haut d'une charpente qu'il ajustait et se tua sur le coup.

Joseph en ressentit une grande douleur, mais il la renferma au-dedans de lui-même et dit à sa ménagère :

— Maintenant que j'ai deux femmes et deux enfants, je vais avoir du courage pour quatre.

Et il fit comme il avait dit; et les petits, en grandissant semblèrent avoir hérité de l'amitié qui avait uni leurs parents : si bien que Marianne ne chercha jamais d'autre amoureux que Price, et Price jamais d'autre amoureuse que Marianne.

Mais, entre eux, c'était tout le contraire de ce qu'on voit d'habitude : Price était petit, pâle et frêle, tendre, affectueux et craintif, tandis que sa maîtresse était une belle et vigoureuse fille, solide comme un grenadier et hardie comme une vivandière ; aussi, c'était elle qui protégeait la communauté, et elle soignait et dorlotait son amant comme elle eut fait d'un enfant malade.

En 1804, Price avait été réformé à cause de son corps chétif et délicat ; mais quelques années plus tard, voilà que, par suite des infortunes de la Patrie, on appelle aux armes toute la jeunesse du pays ; on n'écoute plus rien, ni excuses ni certificats : bon gré mal gré, il faut partir.

Quand *P'tit-Price* apprit ces choses de la bouche du vieux Merlin, le sergent-de-ville, il faillit en mourir de désespoir. Pendant des jours et des nuits, il resta dans sa maison à sangloter sur les genoux de Marianne qui serrait sa tête contre sa poitrine en disant tristement :

— Mon fieu chéri ! mon pauvre mioche !

Enfin, comme elle le voyait dépérir, cette brave fille prit une résolution intrépide et généreuse, qui prouve clairement que les citoyennes de Lille n'ont pas dégénéré depuis Jeanne-Maillotte : elle se déguisa et partit avec lui en qualité de tambour.

Après bien des misères et des dangers, elle est revenue au pays, toujours avec lui, en 1815, et les gens de Saint-Sauveur, en mémoire de cette belle action, l'ont surnommée *Marianne-Tambour*.

Je vous ai raconté cette histoire, afin que vous la transmettiez à vos descendants comme une leçon profitable et un grand exemple de dévouement ; mais au moment où ces enfants battaient le rappel dans la rue des Jésuites, on ne songeait pas encore à ces choses-là : il s'agissait seulement d'empêcher les patriotes d'être écrasés par les ruines du couvent, comme l'avait été Louis Mendez, le fils du corroyeur.

Une heure après, il ne restait plus devant les décombres fumants et les murs noircis qu'un piquet de gardes nationaux; tous les blessés avaient été recueillis par les bourgeois, et les citoyens étaient allés porter ailleurs leur force et leur courage. Les occasions et les besoins ne manquaient pas, car maintenant que les quartiers de Fives, des Malades et de Saint-Sauveur étaient presque entièrement par terre, l'ennemi continuait ailleurs ses démolitions, et on disait qu'il commençait à y avoir de la casse du côté de la Croix-Sainte-Catherine.

Moi, j'étais bien triste et bien embarrassé ; je m'étais remis sur mes jambes, mais je restais en place, les mains dans les poches et la tête basse, comme un imbécile.

— Tu n'auras jamais le cœur d'aller dire à Mme Mendez que son enfant est mort au milieu des flammes; non, tu n'en auras pas le courage ; on ne dit pas aux gens des choses comme celle-là... Et cependant, si tu ne le dis pas, comment le saura-t-on ? Je pense, Louis, que le mieux que tu puisses faire dans ces circonstances pénibles, c'est d'aller demander conseil au citoyen Filtier, ton père et sergent. Oui, c'est certainement ce qu'il y a de mieux.

Et, poussé par ces réflexions judicieuses, je me mis en route pour le rempart des Buisses.

VIII

Le 3 Octobre 1792.

Or, depuis le 30 septembre, le sergent Filtier n'avait pas quitté sa batterie. En cela il avait agi, je dois le dire, comme bon nombre de canonniers intrépides, parmi les quels je peux citer les capitaines Ovigneur et Nicquet, les lieutenants Duhamel, Delecocq, Tilman, Dhellemmes et les sergents Froidure, Waymel, Boussemaert, Castel, Dusart et bien d'autres encore ; aussi, du premier coup-d'œil, je vis qu'il avait grand besoin de repos, et, comprenant qu'il était de mon devoir de conserver à la République un aussi brave serviteur, je l'engageai à aller se coucher. Il commença par m'envoyer à tous les diables ; mais le sergent Desreumaux, l'amidonnier de la rue des Bouchers, intervint et le décida en lui disant :

— Si tous les patriotes se font crever à la peine, comment nous défendrons-nous après ? Va dormir jusqu'au matin, Filtier ; je ferai ton service pendant ce temps-là, et tu nous reviendras demain frais comme l'œil.

Alors, il consentit à s'en aller et se chargea de la commission auprès de Mme Mendez. Moi, je me mis à servir aux caissons, et comme je m'étais refait la nuit précédente, je peux bien dire que *Grosse-Marie* ne manqua pas de nourriture.

Notre service avait même marché si crânement que le matin, vers les six heures, le lieutenant Duhamel, qui avait admiré notre feu, nous dit avec satisfaction en désignant notre pièce :

—En voilà une gourmande ! elle avale des gargousses que c'est une bénédiction !

A quoi le caporal Morel, qui a toujours été un joyeux compagnon ayant le mot pour rire, répondit en caressant la culasse de *Grosse-Marie* :

— Et comme c'est une citoyenne bien apprise, elle crache tous les noyaux, encore !

Malheureusement, M. Duhamel n'était pas le seul qui eût remarqué la bonne volonté du rempart des Buisses : les Autrichiens avaient fait la même observation, et ils nous envoyèrent des compliments de quarante-huit livres dont nous nous serions bien passés.

Nous étions tous à rire et à goguenarder, quand une volée de boulets arriva de notre côté, faisant sauter la terre et les briques de la muraille, démolissant les caissons et les artilleurs, et je vous prie de croire qu'on ne s'est pas amusé à regarder par-dessus les talus de qui nous venaient ces dragées-là.

— Tonnerre! faut répondre à çà, s'écria Desreumaux, debout contre l'affût.

Mais au même instant, comme il s'apprêtait à vérifier le pointage, une nouvelle volée s'abattit sur nous, et l'un des boulets, broyant en passant l'une des cornes de l'embrasure, frappa le sergent et le renversa sous les roues, la poitrine fracassée.

Certes, depuis quatre jours et quatre nuits que la rage sanguinaire des tyrans saccageait la ville de Lille, nos yeux auraient dû être accoutumés à voir écraser nos pauvres maisons et massacrer les bonnes gens; mais il faut croire qu'il y a des choses contre nature auxquelles on ne s'habitue jamais, car, à la vue de Desreumaux frappé mortellement presque dans nos bras, nous demeurâmes atterés. Le lieutenant Duhamel, qui reprit le premier ses esprits, eut beau s'écrier d'une voix solennelle : « Il est mort comme un brave; vive la Nation! » Personne ne répondit. Chacun se remit à l'œuvre d'un air morne et sans mot dire.

Mes mains tremblaient en prenant les gargousses ; je ne pouvais détacher mes yeux de ce cadavre ensanglanté et la colère me mordait au cœur.

— Voilà ce que c'est que la guerre, Louis ! Voilà un homme inoffensif, un honnête amidonnier qui n'a jamais vendu à faux poids, qui a travaillé pendant des années et des années pour faire un sort à sa famille, et qui ne savait peut-être pas, il y a un an, qu'il y eut des Autrichiens au monde ; et il a suffi du caprice d'un mauvais gueux de *ci-devant* pour anéantir en une minute le bonheur de toute une famille ! Cordieu ! l'homme est la plus méchante bête qui existe !

Alors, voyant que je ne faisais plus rien de bon, j'ai repassé le service à un autre et je suis parti vers les avancés de Fives pour prendre les ordres du capitaine Nicquet.

Comme je venais de passer la porte, je m'aperçus qu'il y avait du nouveau de ce côté-là : un grand nombre d'officiers et de soldats étaient rassemblés au pied de la contrescarpe et paraissaient s'entretenir avec animation. Je reconnaissais de loin M. Bryan, le colonel de la garde nationale, les commandants Tiberghien, Fiolet, Delattre, Jourdain, ainsi que le colonel d'artillerie Guiscard et le commandant du génie Garnier. Je me mis à courir pour savoir plus vite de quoi il s'agissait.

Il y avait là, au milieu d'eux, cinq hommes qui arrivaient tout droit des tranchées ennemies dont ils avaient réussi à s'échapper : c'étaient quatre soldats belges et un particulier de Lannoy, le citoyen Bolle, que les Kaizerlics avaient emmenés par force et obligés à travailler avec eux en les encourageant à coups de fouet et de plat de sabre. Il paraît que les Belges n'avaient pas été satisfaits du régime, car, après avoir comploté leur évasion avec le Français désireux de venger l'injure de la patrie, ils avaient déserté carrément, au risque d'être taillés en pièces par le feu de la place.

Vous pensez bien que les renseignements qu'ils apportaient étaient intéressants ; aussi l'état-major réuni autour d'eux ne manquait pas de dresser l'oreille, tout en les louant pour le courage qu'ils avaient montré dans leur entreprise.

D'après leur dire, l'ennemi avait perdu plus de trois mille hommes, et un grand nombre de ses pièces étaient démontées, si bien que les troupes commençaient à se décourager. On avait dû avoir recours à des récompenses onéreuses et faire venir des canons de Tournay pour éta blir à nouveau presque toutes les batteries. Le grand-duc Albert avait promis à ses soldats le pillage de la ville, et deux mille florins à celui qui abattrait l'un des deux commandants des avancés (M. Nicquet au bastion de droite et M. Ovigneur à celui du *Petit-Pâté*) ; de plus, Christine d'Autriche devait arriver dans la journée pour relever par sa présence le courage des assiégeants.

Si vous aviez été là pendant que le citoyen Bolle racontait ces nouvelles, vous auriez pu faire des études comparatives sur les différentes manières dont la joie se manifeste selon le caractère des gens : les plus graves se contentaient de sourire en se caressant le poil ou en se frottant l'oreille; d'autres croisaient leurs bras en se fendant la bouche jusqu'aux oreilles; il y en avait qui donnaient de grands coups de poing à leur voisin, et même les canonniers Auguste Desquiens et Louis Soyez se mirent à danser la carmagnole d'un air qui signifiait bien des choses.

Moi, qui étais tout près des citoyens officiers Guiscard et Garnier, je les entendis se dire l'un à l'autre :

— Il est évident que l'ennemi faiblit; il ne faudrait qu'un *coup de chien* pour l'écraser.

— Malheureusement, nous ne sommes pas en nombre pour tenter une sortie efficace, et nos braves sont exténués

— Cherchons autre chose. Combien avez-vous de canons disponibles à l'arsenal ?

— Une bonne centaine et vingt-huit mortiers de gros calibre.

— Voilà l'affaire! Vingt-huit mortiers sur le rempart du Réduit, et je réponds de tout. Il ne s'agit que de monter cela grand train.

Alors je me suis retourné :

— Sauf respect, mon colonel, s'il n'y a que les bras

qui vous manquent, je vas vous en apporter de quoi rebâtir la tour de Babel.

— Affaire entendue, canonnier ; ce n'est pas de refus, car je connais mes Lillois.

J'ai pris ma course ventre à terre à travers les ponts et les rues sans plus faire attention aux bombes et aux boulets qu'à des boules de neige. J'étais tout content, je ne me souvenais plus des tristes choses que j'avais vues quelques heures auparavant ; je filais comme une diligence accélérée, en pensant en moi-même :

— Hue, Louis ! hue, Louis ! Les temps sont accomplis, et tu vas voir démarrer toute cette bande d'assassins ! Les bonnes gens de Lille pourront désormais fumer tranquillement leur pipe en buvant leur canette de bière. Tu épouseras Victoire à la Noël et tu élèveras tes enfants dans l'amour de la paix et dans l'admiration des exploits de leur père !

J'ai parcouru tour à tour la Placette-aux-Oignons, la Haute et la Basse-Deûle, le carrefour de la Baignerie et le quartier du Molinel, entraînant des centaines et des centaines de gaillards déterminés qui s'engouffraient derrière moi dans les rues trop étroites, en hurlant à plein gosier :

Amour sacré de la patrie,
Conduis, soutiens nos bras vengeurs.
Liberté, liberté chérie,
Combats avec tes défenseurs.

Sous nos drapeaux que la victoire
Accoure à tes mâles accents;
Que tes ennemis expirants
Voient ton triomphe et notre gloire!

Aux armes, citoyens! formez vos bataillons!
Marchons, marchons,
Qu'un sang impur abreuve nos sillons!

Maintenant que nous sommes loin de ces temps-là, maintenant que tous les peuples ont horreur de la guerre parce qu'ils ont compris qu'ils y jouent presque toujours un rôle de dupe, vous ne pouvez plus concevoir l'enthousiasme qui poussait tous ces braves vers le rempart; tout le monde voulait venir, aussi bien les femmes et les enfants que les hommes, tant on était exaspéré contre la barbarie de l'ennemi. De temps en temps, un boulet passait à travers les rangs en y laissant une longue traînée sanglante, ou bien un pan de mur, en s'abattant, mordait un coin dans la masse : le chant patriotique continuait sur un ton plus lugubre, mais on n'en marchait et le cortége ne s'en augmentait pas moins.

Les citoyens Guiscard et Garnier, avec le général Champmorin, nous attendaient sur la place du Réduit, à l'entrée du Fort. Là on s'organisa : le commandant Garnier choisit cent hommes pour l'installation de la nouvelle batterie, les autres partirent avec le colonel Guiscard pour prendre les pièces et les caissons à l'Arsenal; et les Autrichiens eurent beau redoubler leur feu d'enfer, on travailla sans débrider toute la journée et toute la nuit. Ce fut à peine si l'on prit le temps de casser une croûte vers les huit heures.

Au point du jour, les vingt-huit mortiers étaient en place, prêts à tirer. Ils étaient si gros et si bouffis sur leurs affûts, qu'on aurait dit des chanoines dans des stalles d'église ; le vieux M. Gruson, à qui j'en fis la remarque, se mit à rire et me dit :

— Oui, mon garçon, mais tu vas voir quelles drôles de vêpres ils vont chanter !

IX

Le 4 Octobre 1792.

Qui hésiterait à proclamer que la ville de Lille avait déjà donné à la Nation de mémorables preuves de patriotisme ? Personne, évidemment, personne. Et l'on peut ajouter, sans crainte d'être démenti, que dans le pays entier il aurait suffi à un citoyen dans la peine de dire : « Je suis Lillois, » pour trouver partout aide et protection. Dans toutes les cités de France, depuis Dunkerque jusqu'à Marseille, depuis Brest jusqu'à Strasbourg, on faisait des souscriptions spontanées, des offrandes volontaires pour adoucir les misères des braves citoyens de Lille. C'est que tous les Français savaient bien que nos remparts étaient comme qui aurait dit les boucliers de la Patrie, et qu'une fois ces boucliers renversés, c'en était fait de la République.

Nous n'étions pas sans le savoir aussi, nous autres ; c'est pourquoi nous combattions avec courage au milieu de toutes nos souffrances ; c'est pourquoi, plutôt que d'acheter notre tranquillité au prix d'une capitulation, nous regardions, la rage dans le ventre, mais sans faiblir, les maisons où nos mères étaient nées s'écrouler sous les bombes, la ruine envahir nos pauvres familles, la faim amaigrir le visage aimé de nos femmes, la mort frapper sans relâche tout autour de nous.

Eh bien ! tout ce que nous avions enduré depuis cinq jours que nous vivions comme des démons au milieu du feu et du sang, tout cela n'était rien auprès de ce qui allait nous arriver, non, ce n'était rien ! Car les Autrichiens, qui avaient en quelque sorte ménagé la ville dans l'espoir de s'y loger et de la piller pour leur compte particulier, comprenant bien maintenant qu'ils n'étaient pas assez malins pour y entrer, et qu'ils devraient s'en aller l'oreille basse, commencèrent à faire le mal comme à plaisir et à détruire le plus possible, afin de faire parler d'eux. J'ai appris, par la suite des temps, qu'il existe de par le monde pas mal de méchantes gens qui mettent leur honneur à faire souffrir autrui. On me l'aurait dit à cette époque que je ne l'aurais pas cru. C'est cependant vrai, et les Autrichiens étaient de ceux-là.

Aussi, quiconque n'a pas vu la ville de Lille le 4 octobre 1792 ne sait pas ce que c'est qu'un bombardement; il ne le sait pas! Vous pouvez le répéter après le vieux Filtier!

Ecoutez-moi ça:

Sur la fin de la nuit, comme nous mettions la dernière main à la batterie du Réduit, l'ennemi avait modéré son tir; nous en étions tout contents, et, le jour arrivé, nous causions gaîment avec quelques vieux bourgeois qui étaient venus clopin-clopant sur leurs *crochettes* deviser, la tabatière à la main, en regardant les travaux qui devaient délivrer la ville.

Ces bonnes gens se disaient entre eux, de leurs voix cassées:

— Il me semble qu'on tire moins fort?

— Mais oui, ça ralentit.

— Allons! il n'y a plus que patience à prendre et tout rentrera dans l'ordre.

— C'est égal, ça a été rude.

— Ah! oui, les temps sont bien durs!

Et autres propos du même genre; et ils bâtissaient leurs petits projets, ils parlaient de reprendre leur existence paisible des anciens jours et leur promenade quotidienne, à l'Esplanade, sur le midi, quand le soleil est chaud. Ça me faisait plaisir à entendre, et je revoyais au fond de ma mémoire mon bonhomme de grand-père, qui était mort l'année d'avant, partant lentement à sa promenade habituelle le long du trottoir, avec sa culotte bleue, ses souliers à boucles, sa capote de ratine et sa longue canne d'ébène....

Mais il y avait là, travaillant à côté de moi, Duméril, qui était concierge de l'Hôtel et tambour dans la compagnie Nicquet, un grand sec à long nez et à moustache grise; on disait par plaisanterie, dans les canonniers, que le capitaine le protégeait parce qu'il était taillé sur son patron. En entendant les paroles de ces vieux à tête branlante, il se releva et s'appuyant sur sa pioche :

— Excusez, mes pères, leur dit-il, l'ennemi filera, c'est sûr, mais auparavant il fera des pièces ; méfiez-vous d'un chien qui n'aboie pas. Je suis du pays, moi, et je ne voudrais pas qu'il vous arrivât du mal ; faut retourner vitement chez vous, mes pères, et plus vous demeurerez loin, mieux ça vaudra. Croyez-en un ancien !

Alors, ces vieux, devenus tout pâles, ont laissé choir leurs tabatières et sont partis en trottinant, les uns à droite, les autres à gauche.

— Tu leur as fait peur, Duméril.

— Tant mieux, Filtier, ils en iront plus vite. Ce n'est pas pour rien que j'ai servi vingt ans dans le régiment de Flandre !

Au même moment arrivèrent, avec le colonel Guiscard, les artilleurs, les servants de batterie, et un peloton de canonniers lillois commandés par Reboux-le-Pointeur; on organisa le service, on reçut les ordres et les instructions supérieures, on prépara les caissons, les obus, on disposa les directions, on releva les pentes, tant et si bien que je commençais à oublier les funestes prédictions du tambour Duméril.

Il pouvait bien être huit heures du matin, le colonel Guiscard avait réuni autour de lui ses officiers et leur faisait ses dernières recommandations :

— Quoiqu'il arrive, à moins d'un ordre exprès de ma part, ne tirez pas avant midi. Nous savons par nos rapports que l'ennemi se décourage ; il va tenter un suprême effort, c'est évident ; ne répondez pas. Mais à midi, feu roulant de toutes pièces et bon pointage ! Il s'agit de sauver la Patrie !

— Allons, pensai-je à part moi, Duméril avait raison; il va y avoir du vacarme ! Fais attention à tes pattes, Louis ; il serait vraiment fâcheux de t'être conservé tout entier au milieu de tant de périls et de te laisser bêtement estropier le dernier j...

Quelque chose comme une explosion de volcan me coupa subitement le raisonnement : une pétarade effroyable et continue éclata de tous côtés, faisant trembler la terre des bastions, et des milliers de bombes, de boulets rouges et froids commencèrent à pleuvoir sur la ville drus et serrés comme les grêlons d'une pluie d'orage. Les Kaiserlicks faisaient feu des quatre pieds.

Jamais je n'avais entendu ni vu rien de pareil ; mes dents claquaient et mes jambes tremblaient, non par peur, mais uniquement par le fait de ce sabbat d'enfer et par la violence des commotions. Derrière nous, on voyait les maisons et les pignons du Réduit et du quartier des Malades tomber comme des capucins de carton, et les cris aigus des habitants arrivaient jusqu'à nous, tranchant sur les beuglements graves du canon comme des notes de fifres sur un roulement de tambours.

Une demi-heure ne s'était pas écoulée qu'on ne voyait plus que des flammes aussi loin qu'on pouvait apercevoir : toute la ville paraissait changée en une immense fournaise.

J'étais appuyé, tout défaillant, contre un caisson ; mon cœur bondissait dans ma poitrine ; je n'avais qu'une pensée : ma mère et Victoire qui étaient seules là-bas, exposées sans secours au milieu de ces tourbillons de feu, sous cette avalanche de fer, dans notre pauvre maison de la rue du Vieux-Marché-aux-Moutons. Enfin, n'y pouvant plus tenir, sans plus m'inquiéter de ma peau, je me suis élancé à fond de train et tête baissée à travers tout, comme un insensé, au moment où Reboux hurlait en frappant avec rage son poing sur un affût :

— Sangdieu ! midi n'arrivera donc jamais ! »

En ce moment, comme Louis Filtier, fatigué de l'animation qu'il avait apportée dans son long récit, venait de s'arrêter pour reprendre haleine, la pendule fit entendre le triple cliquetis indiquant les trois quarts.

— Mon vieil ami, lui dis-je en me levant, huit heures approchent; vous n'avez que le temps rigoureusement nécessaire au trajet qu'il vous reste à faire. Dimanche prochain, si vous y consentez, vous viendrez vous asseoir à la place même que vous allez quitter, et nous entendrons la suite de cette histoire, qui nous intéresse autant que vous-même.

—Allons, c'est dit... Il faut que vous soyez de bonnes gens, pour écouter avec une pareille patience les radotages d'un vieux bonhomme!

Alors il se leva, décrocha sa canne qu'il avait nouée au dossier de son fauteuil, et comme ma mère s'était approchée pour l'aider à sortir de table :

—Merci, pas la peine, citoyenne,—lui dit-il en montrant dans son rire ses gencives dégarnies, tandis que ses yeux gris brillaient comme des pointes de diamant, —pas la peine... Ah! mais! bonhomme vit encore! — Salut, mon commandant! salut, mes officiers! salut, la compagnie! Ah! ah! ah! dimanche prochain, nous verrons filer ces capons d'Autrichiens! Ah! ah! ah!

Et on entendit dans le vestibule son rire de vieillard alterner avec le bruit sec de sa canne sur le pavé.

— Va le reconduire, me dit mon père.

Le 4 Octobre 1792

(Suite).

Les vieillards aiment à parler de leur jeunesse; le passé n'est-il pas la seule consolation de ceux qui n'ont plus d'avenir? Aussi, Filtier n'eut garde de manquer au rendez-vous, et le dimanche suivant, assis dans le même fauteuil, devant le même auditoire, un coude sur la table et une main appuyée à plat sur le pied de son verre, il continua en ces termes :

« En ce temps-là, le corps des Canonniers lillois était au faîte de la gloire et de la puissance. Il comptait deux compagnies, deux capitaines, deux lieutenants, deux sous-lieutenants, deux sergents-majors, huit sergents, dix caporaux et deux cents canonniers, sapeurs, artificiers et mineurs, sans parler des tambours.

Vous pensez bien que pour commander des cohortes aussi renommées on avait choisi tout ce qu'il y avait de fin parmi les bourgeois du pays; c'est pourquoi vous voyez comme capitaines les citoyens Nicquet et Ovigneur, négociants honnêtes autant que guerriers vaillants et magnanimes.

Les deux capitaines, loin d'être animés l'un contre l'autre par une rivalité mesquine qui eût été préjudiciable à la prospérité du corps, étaient au contraire liés d'une camaraderie si étroite qu'on les voyait fréquemment par les rues se promener de compagnie en dissertant sur toutes choses, notamment sur l'avenir de l'artillerie et sur les vertus et qualités propres à faire d'un homme un canonnier parfait.

Et cependant il eut été difficile de rencontrer deux personnes plus dissemblables d'extérieur que l'étaient ces deux capitaines : M. Nicquet était long et sec comme un écouvillon, tandis que M. Ovigneur était petit et grassouillet ; M. Nicquet avait le visage couleur de pain d'épices, M. Ovigneur était frais de teint comme une laitière de Lambersart; M. Nicquet avait un grand nez crochu qui se recourbait comme un crampon sur sa moustache, le nez retroussé de M. Ovigneur semblait toujours s'informer du temps qu'il allait faire le lendemain. Mais malgré ces différences, quand on les voyait en grand uniforme en tête de leurs bataillons respectifs, on était forcé de se dire :

— Voilà chacun dans son genre des canonniers accomplis, et c'est extrêmement glorieux pour la ville de posséder ces deux hommes-là.

Le citoyen Ovigneur, qui était filtier comme beaucoup de Lillois de ce temps-là, habitait avec sa famille dans la rue de Fives, près de la rue du Croquet, une grande bâtisse qui par extraordinaire était seule restée debout au milieu des ruines du quartier. La solidité de ses pignons de grès et la position oblique de la construction avaient à peu près neutralisé l'effet des boulets, le hasard avait fait le reste, de sorte que l'édifice était d'aplomb, bien que sa façade fut criblée de cassures et de renfoncements comme la figure d'un homme qui a eu *les poquettes*.

Les bonnes femmes du quartier attribuaient ce *miracle* aux prières et aux mérites de la vieille demoiselle Ovigneur, laquelle était une personne toute en Dieu. A ce propos, je me souviens aussi que cette vertueuse fille avait, de concert avec quelques âmes pleines de piété et craignant le Seigneur, commencé le premier jour du bombardement une neuvaine à Notre-Dame de la Treille, à cette seule fin de pousser la patronne de Lille à détruire les Autrichiens en bloc, soit en arrêtant le soleil comme Josué, soit à l'aide d'une pluie de soufre enflammé comme celle des Saintes-Ecritures, soit par tout autre moyen qui lui paraîtrait avantageux.

Je n'ai rien à dire là-contre, vous le croyez bien : chacun fait son lit comme il veut se coucher ; mais je ne peux pas m'empêcher de penser que si ces bonnes gens n'avaient pas été abrités, pour faire leurs dévotions, derrière de bons remparts garnis de gros canons et de fameux lapins ; que si, pour se défendre, ils n'avaient pas eu d'autre artillerie que celle du bon Dieu, ils en auraient vu de grises, et la ville de Lille aussi, et la République aussi.

Quoiqu'il en fut, et malgré les prières de la vieille

demoiselle, le 4 octobre, à onze heures du matin, la maison du capitaine Ovigneur flambait comme une brassée de sarments, et ce qui restait d'habitants dans les quartiers de Fives, de l'Abbiette, de Saint-Maurice et des Malades, fuyait en masse vers la porte de la Barre. La ville résonnait des cris des femmes affolées, des gémissements des blessés, de l'explosion continuelle des bombes, et du fracas de la canonnade que renforçait à chaque minute le bruit sourd des murs qui s'écroulaient. Dans les rues, les gardes nationaux, silencieux et sombres, restaient solides au poste au milieu du carnage; M. Bryan, accompagné des officiers municipaux, courait partout, bravant tout, pour maintenir l'ordre et diriger les sauvetages, pendant que les bourgeois, pâles mais résolus, comme il convient à des citoyens libres, faisaient sans broncher le service des pompes avec les volontaires.

Tout en courant à perdre halcine, je voyais et j'entendais ces choses désolantes, et, plus mort que vif, je précipitais encore ma course haletante.

Enfin, comme j'arrivais au contour Saint-Maurice, je heurtai violemment Catherine Delemarre, la mercière du petit portail, qui abandonnait sa boutique, tenant d'une main son mioche et ses hardes de l'autre.

— Cours pas si vite, mon garçon, inutile de t'échauffer! Ta maison est par terre, mais ne te désole pas, ton monde est sauf, grâce à Dieu ! Ils sont tous partis chez M. Degand avec les Nicquet.

Plus de maison ! Ça m'a produit un drôle d'effet ; j'en suis resté planté à la même place comme hébété, et je crois que j'y serais encore, si M. Valton, le lieutenant-colonel de la garde nationale, qui passait tout essoufflé, ne m'eut réveillé en sursaut en m'empoignant par le bras :

— Tu es canonnier, donc tu es un brave ! Ecoute. Pendant qu'Ovigneur défend la patrie sur les bastions, sa maison brûle...

— C'est comme la mienne !

— Ce n'est pas tout ! Sa famille est en sûreté rue de la Picquerie, mais sa femme va accoucher et l'appelle ; qu'il cède le commandement à Delecocq et qu'il vienne ! Si tu as une mère, une femme ou une sœur, tu dois me comprendre... Ces choses-là sont sacrées.... Cours le prévenir, au nom de la Fraternité !

— C'est bien, citoyen colonel... Après tout, puisque je n'ai plus de maison, il me serait difficile de rentrer chez moi... J'y vais ; si je n'arrive pas, c'est que... suffit !

— Ton nom, citoyen ?

— Louis Filtier !

— Je ne l'oublierai pas.

Voilà comme quoi, étant parti du Réduit pour la rue du Vieux-Marché-aux-Moutons, je suis arrivé au *Petit-Pâté,* à gauche de la porte de Fives.

Il m'a fallu une grosse demi-heure pour gagner le bastion; car dans ces époques critiques, quiconque voulait en se mettant en route arriver tout entier à sa destination, devait manœuvrer subtilement, et encore, j'en sais plus d'un malin qui a laissé sa carcasse au coin d'une rue.

Enfin, j'escaladais la coupée du Petit-Pâté, lorsqu'un choc soudain me renversa, en même temps qu'une sorte de pluie chaude m'inondait le visage ; en moins de rien, je me remis sur mes pieds : Jacques Lemaire, éventré, les entrailles pendantes et déjà mort, était étendu sur le dos en travers de la montée, tenant encore à la main sa mèche allumée. J'étais couvert de sang.

— Le capitaine Ovigneur ? demandai-je à un homme poudreux et déguenillé qui se penchait sur le talus.

— C'est moi, Filtier ; es-tu blessé ?

C'était lui ! c'était le capitaine Ovigneur, mais si changé, si mal accommodé que je ne l'aurais jamais reconnu ! Ses joues étaient amaigries, ses yeux caves ; son teint rubicond avait disparu sous un enduit de poudre et de fumée, ses cheveux châtains avaient été roussis ; et dans ses vêtements salis, troués, noircis, brûlés, en loques, il était impossible de retrouver l'uniforme brillant des canonniers lillois. Ça faisait pitié.

— Mon capitaine, lui dis-je, il vous faut partir tout de suite ; madame Ovigneur est dans les douleurs, elle vous appelle....

Alors je vis cet homme énergique tressaillir de la tête aux pieds ; il mit sa main sur ses yeux et de grosses larmes roulèrent sur ses joues en délayant le noir qui les couvrait, et moi, je restais là à le regarder, incapable de rien dire : ma gorge était serrée, et mes paroles ne pouvaient pas passer ; enfin, faisant un vigoureux effort :

— Ma pauvre femme ! murmura-t-il... Mais je ne peux pas, Filtier, je ne peux pas... Regarde !

Et, d'un geste désespéré, il me montrait les lignes ennemies, dont les zigzags de feu ressemblaient à des éclairs continus.

— Madame Ovigneur est en sûreté avec toute la famille dans la rue de la Picquerie, mon capitaine ; faut pas vous désoler...

Il soupira largement comme déchargé d'une grande angoisse.

— Chez notre tante. Merci, mon garçon ; c'est toujours une consolation ! Mais quant à y aller, non, c'est impossible, je dois rester à mon poste !

— Pour cela, vous pouvez travailler en paix, mon capitaine, tous vos gens sont en vie... Il n'y a que votre maison que ces gueux d'Autrichiens ont mise en feu !

— Eh bien alors ! dent pour dent ! feu pour feu !

Et ayant prononcé ces paroles mémorables, ce magnanime citoyen se courbait sur un affût, quand tout à coup voilà que du côté du Réduit éclate un tonnerre si effroyable que nous n'entendions pour ainsi dire plus le bruit de nos propres pièces. A moi, qui étais dans le secret, ça me parut une musique plus harmonieuse que le carillon de Dunkerque lui-même, si bien que je n'ai pu m'empêcher de rire de jubilation.

— Qu'est-ce que c'est que cela ? s'écria M. Ovigneur en se redressant stupéfait.

— Faut pas faire attention, mon capitaine, c'est midi qui sonne !

Tonnerre ! fallait voir comme ça marchait ! Le vieux Gruson avait raison : ça faisait un fameux lutrin, et Reboux s'y entendait à chanter matines ! Je suis resté au *Petit-Pâté* à servir les caissons, à seule fin d'être aux premières loges. M. Ovigneur m'a prêté sa lunette, et je peux dire que ce que j'ai vu était plus réjouissant pour les yeux d'un vrai Lillois que les plus beaux tours de Melchisédech.

Tout était sens dessus dessous dans le camp des Autrichiens : on allait, on venait, les ordonnances et les officiers couraient, se croisaient; l'état-major, réuni sur un tertre, gesticulait et s'agitait autour du général en chef; on aurait dit une fourmillière sur laquelle on a donné un coup de sabot.

Il était déjà six heures, et le Pointeur n'avait pas cessé de célébrer ses vêpres en conscience, lorsqu'on entendit vers les tranchées une détonation qui couvrit un instant le feu des mortiers du Réduit. Notre bastion trembla malgré ses douves, comme s'il avait voulu s'écrouler; puis, aussitôt après, le feu de l'ennemi diminua tout net de moitié.

—M'est avis, Louis, que voilà un aigle qui a un rude plomb dans l'aîle !

— Ça, Filtier, me répondit le capitaine en se frottant les mains, c'est l'explosion d'une poudrière, ou je ne m'y connais pas !

J'ai su par la suite que c'était bien la vérité. Les Autrichiens avaient abrité sous des couches de gazon un gros fourgon dont ils avaient fait une manière de magasin central pour le service des batteries, et c'était là qu'ils venaient décharger les voitures de poudre qu'ils amenaient de Tournai. C'était le citoyen Bolle qui avait raconté ce détail, et la chose n'était pas tombée dans des oreilles de sourds. Des malins, qui s'étaient mis en vedette sur le plus haut cavalier de l'ancienne porte de Fives pour guetter l'arrivée des convois, avaient signalé l'approche de plusieurs fourgons verts qui s'arrêtèrent autour de la butte désignée par le courageux citoyen de Lannoy; alors, Reboux avait pointé huit mortiers en convergence sur ce point-là et leur avait fait cracher coup sur coup une vingtaine de bombes, en se disant en lui-même : « Ce serait bien le diable si pas une ne tombait juste ! » Et le résultat avait prouvé toute la précision des calculs de cet homme habile ; car non seulement l'un de ses obus avait écrasé un des caissons, mais celui-ci en éclatant avait mis le feu à tous les autres et à la poudrière elle-même. Aussi y eut-il grande jubilation derrière les remparts.

Cependant, l'allégresse qui transporta en ce moment tous les défenseurs de la patrie, même les caractères les plus mélancoliques, n'empêcha pas les canonniers et artilleurs de Lille et de Béthune de continuer leur plain-chant avec méthode et régularité pendant toute la nuit. C'était un grand et imposant spectacle que cette ville en courroux, lançant de tous côtés contre un ennemi cruel, mais désormais vaincu, ses foudres vengeresses ! Oui, au milieu des ténèbres, c'était un coup-d'œil à rendre fiers non seulement les patriotes d'alors, mais encore leurs enfants et les enfants de leurs petits-enfants, car rien n'est noble comme une nation qui défend sa liberté, et s'il est une guerre sacrée, c'est la guerre d'indépendance. C'est pourquoi, tout en jetant subtilement à droite et à gauche des regards satisfaits pour ne rien perdre de ces scènes immortelles, je vidais sac sur sac, caisson sur caisson, en m'encourageant moi-même :

— Hardi, Louis ! hardi, Louis ! pousse à la consommation, mon garçon. C'est malheureux de tuer tant de gens, même des Kaizerlicks, mais tant pis pour eux ! fallait pas qu'ils y viennent ! C'est pas toi qui es allé les chercher, n'est-ce pas ? Ils sont venus méchamment, comme des voleurs, inonder sournoisement nos campagnes pour causer de la peine à des milliers et des milliers de pauvres familles. Eh bien ! faut qu'ils s'en aillent, ou bien qu'ils crèvent tous, comme des chiens enragés qu'ils sont !

Et je peux ajouter que ce légitime ressentiment m'avait porté à si bien faire les choses que, vers le matin, on commença à voir le fond des caisses : on allait manquer de munitions.

— Mon capitaine ?

— Qu'est-ce qu'il y a, Filtier ?

— Le garde-manger est vide : il n'y a plus que des miettes.

— Mille diables ! Fais le double signal, et vitement !

— Voilà une demi-heure que j'ai hissé les deux flammes, mon capitaine, et rien n'arrive. Ils sont tous trop occupés avec leurs mortiers !

— Alors, file au galop, petit, et droit au commandant Garnier. Ça presse !

X

Le 5 Octobre 1792.

—Ce n'est pas le tout de courir comme un dératé, Louis, me dis-je en m'arrêtant sur le pont-levis et en me grattant l'oreille; il s'agit de savoir où trouver le citoyen Garnier, sans faire de pas inutiles, car le temps presse. Voyons, réfléchis un brin, si ça t'est possible. Quoique la citoyenne Garnier soit assurément une femme pleine de charme et de séductions, il est clair comme le jour que son époux n'est pas occupé à lui chanter des sérénades : ainsi il ne te faut pas aller chez lui; de plus, tu m'avoueras que le moment serait mal choisi pour écrire un inventaire : il ne faut donc pas non plus te diriger vers l'Arsenal. Tout bien calculé, le mieux est, je crois, d'aller tout droit au Réduit, où il est plus que probable que tu trouveras ton homme en train de battre la mesure à son lutrin.

Alors, je me serrai le ventre, et, enfilant la porte au pas de course, j'obliquai à gauche en serrant les bas murs pour éviter les accrocs.

Le commandant du génie était effectivement sur un mamelon avec le général Ruault et son état-major. Ils regardaient avec des lunettes la débâcle des ennemis et paraissaient de plaisante humeur,—ce dont je ressentis une grande joie, car c'était bon signe.

Comme j'arrivais ventre à terre et que j'escaladais en trois bonds la contrescarpe, un aide-de-camp toucha le coude du général comme pour lui dire :

— Voilà un simple canonnier qui accourt; il doit y avoir du grabuge quelque part.

Le général s'est retourné, de sorte qu'en arrivant à la plate-forme, je me suis trouvé nez à nez avec lui.

— Que voulez-vous, canonnier ?

— Avec votre permission, mon général, je veux de la poudre.

— Ah ! Expliquez-vous.

— Le Petit-Pâté manque de munitions, et le capitaine Ovigneur en réclame immédiatement.

— C'est bien. On va en envoyer.

Et le général Ruault donna un ordre à un officier qui s'éloigna rapidement et recolla sa grande lunette dans le coin de son œil, sans plus faire attention à votre serviteur.

— Il est évident que tu es de trop ici, mon garçon, pensai-je, et si on ne te dit pas de t'en aller, c'est que ces guerriers sont trop polis pour cela. Mais c'est à toi de le comprendre, et, si tu m'en crois, tu profiteras de l'occasion pour aller flâner un peu en ville du côté de la rue Saint-André.

Alors, j'ai tiré ma pipe, que j'ai contemplée avec la tendresse d'un homme qui retrouve un ami éloigné depuis longtemps ; je l'ai chargée et allumée avec soin et précaution ; j'ai fourré mes deux mains dans mes poches et je suis parti tout doucettement à la promenade ; mais je marchais en tenant, comme on dit, le menton sur l'épaule, car il n'était pas inutile de veiller au grain, aussi bien derrière que devant.

Je peux vous assurer qu'il n'y avait pas d'encombrement dans les rues et qu'on pouvait avancer sans être coudoyé : on ne voyait pas la queue d'un chat, on aurait dit une ville morte. Partout des ruines : ici, des maisons brûlées qui ne restaient debout que grâce aux quelques poutres carbonisées et amincies soutenant çà et là les murailles, comme des bras de squelette soulevant une tombe; là, d'autres, éventrées du haut en bas par les bombes, qui semblaient bâiller d'ennui ; ou d'autres encore qui s'étaient affaissées sur elles-mêmes, le toit sur le pavé, comme un ivrogne qui cuve son vin le nez dans le ruisseau. Et parmi tous ces débris, pas un être vivant n'apparaissait... C'était triste à considérer.

Cependant, à mesure que je m'éloignais des quartiers avoisinant les remparts des Malades, les démolitions s'entremêlaient de maisons moins en loques, puis de bâtisses encore présentables, au milieu desquelles régnait une certaine animation qui prouvait qu'il y avait encore quelques Lillois au monde; ainsi, tout en marchant, rue des Jésuites, non loin de l'Abreuvoir, j'entendis descendre des toitures le cri traînant et sonore : « *Aââ-hûe !* » lequel était le signal convenu pour indiquer la chûte des boulets rouges. Je me rangeais par prudence dans l'encoignure d'une porte, quand je vis accourir une escouade de bourgeois et de pompiers armés de haches, qui se mirent à enfoncer une porte cochère presque en face de celle où j'étais. Ils parlaient avec une grande animation, et j'appris d'eux que la maison qu'ils attaquaient était celle d'un *ci-devant* appelé Granet, lequel était allé au pays de la choucroûte rejoindre les ennemis de la liberté des peuples, et que c'était justement sur elle que ses amis les Kaiserlicks venaient de lancer leur projectile.

— Allons ! c'est pain béni, répondis-je en reprenant ma route.

C'est à partir de ce moment-là que j'eus positivement

conscience de mon importance et que je m'aperçus que je n'étais pas le premier venu pour mes concitoyens, car je ne pus plus faire deux enjambées consécutives sans être arrêté respectueusement par celui-ci et par celui-là :

— Voilà un brave canonnier qui arrive des remparts, nous allons apprendre des nouvelles ! Pardon, citoyen, auriez-vous l'obligeance.... etc.

— Voyez, disaient d'autres, il est tout noir, il s'est battu comme un lion. Seriez-vous assez bon... etc.

— Eh ! Filtier, criait un volontaire en sentinelle, es-tu blessé ? Tu as du sang sur ton habit !

— Filtier, au nom du ciel, as-tu vu mon fils ? mon père ?... mon frère ?... etc.

A quoi je répondais avec complaisance et dignité.

En passant rue des Bouchers, je vis que tout était fermé chez Desreumaux l'amidonnier ; et quelqu'un avait écrit avec de la craie sur les volets de sa boutique : « *Mort au champ d'honneur !* » Je me sentis des picotements dans les yeux et je me détournai de peur de voir derrière quelque vitre les visages en pleurs de sa femme et de ses enfants.

— C'est maintenant que les choses vont devenir pénibles, pensai-je en moi-même, car il y a bien des maisons où celui qu'on attend ne rentrera jamais. Voici venir l'instant où l'on va se compter, et la retraite des Kaiserlicks ne pourra pas faire revivre ceux qui sont morts ! Une pluie de boulets est toujours suivie d'une pluie de larmes, Louis, aussi vrai que les tyrans ont le cœur dur comme une pierre !

Comme j'allais tourner le coin de la rue d'Angleterre, que l'on nommait alors la rue *des Républicains,* une jolie fillette, avec de longs cheveux blonds, entr'ouvrit la porte d'une grande et riche maison et m'appela si gentiment que je m'en sentis tout remué :

— Monsieur le canonnier, je vous en supplie, dites-moi si mon père est blessé ; voilà trois jours qu'il n'est rentré chez nous ; ma mère en est malade et moi aussi. Oh ! dites, je prierai le bon Dieu pour vous !

Je compris tout de suite que c'était là une famille d'aristocrates : on ne donnait plus du *monsieur* dans ces jours-là, et puis la demoiselle, qui était vêtue avec de la soie, avait l'air délicat et frêle comme une plante élevée dans une chambre chaude ; mais je me dis en moi-même que les malheureux et les désolés sont tous frères et qu'il y a des braves gens partout ; de sorte qu'au lieu de faire le coupeur d'oreilles, je lui répondis avec politesse :

—Comment se nomme votre papa, ma belle citoyenne?

—M. Frey. Il est commandant dans la garde nationale.

—Ah ! bien, si c'est le commandant Frey, je l'ai vu tout à l'heure : il est à la porte de Fives.

La jolie fille rougit de satisfaction, et, avant que j'aie compris ce qu'elle allait faire, elle saisit ma vilaine patte toute noire et la baisa avec reconnaissance. Moi, je restai là tout ébahi et marmottant :

— Mais, citoyenne,... ce n'est pas la peine,.... c'est avec plaisir... Mademoiselle,... trop heureux...

Et un tas de balourdises pareilles ; si bien que me sentant si nigaud, j'ai tourné les talons en me gourmandant sévèrement :

— Triple innocent, idiot, imbécile ! Tu ne sauras donc jamais parler tout naturellement comme un autre ? Cette demoiselle-là est une personne très bien élevée, mais toi, je te le dis, tu ne seras jamais qu'une fichue bête !

Après avoir été accroché vingt fois en chemin, j'ai enfin aperçu la grande porte verte qui renfermait ce que j'aimais le plus au monde. Ah ! que ça m'a paru bon !

Je me suis arrêté un instant. J'étais si bouleversé que je ne voyais plus clair ; mon cœur battait comme s'il avait voulu éclater, mon front couvert de sueur me paraissait lourd comme du plomb, et mes jambes pliaient malgré moi sous mon corps : j'ai dû m'appuyer à la muraille. Puis, comme je passais devant les fenêtres grillées de M. Degand, j'ai entendu une voix, qui m'a fait tressaillir jusqu'au fond des entrailles, s'écrier de derrière les rideaux :

— Louis ! c'est Louis !

La porte s'est ouverte, et j'ai senti deux bras nus, doux comme les bonnes pêches de Fretin, se nouer autour de ma tête pendant que des lèvres ardentes se col-laient sur ma bouche :

— Victoire ! ! »

La voix de Filtier s'était altérée à ses dernières paroles, et nous devinâmes bien plus que nous n'entendîmes le nom de sa fiancée. Il tira de sa poche un grand mouchoir de cotonnade à carreaux rouges et bleus, essuya ses yeux clignottants, puis reprit, les lèvres encore tremblantes :

« — Pardon, excuse, mes officiers, mais il y a de ces choses qu'un homme de cœur n'oublie jamais, quand même il vivrait aussi longtemps que Mathusalem... Et quand je repasse en moi-même les bons moments d'autrefois, je regrette d'avoir vécu si vieux, je voudrais mourir tout de suite pour rejoindre plus vîte ceux qui sont partis avant moi pour la grande campagne dont on ne revient pas !...

Ma mère était là avec Victoire, puis sont arrivées Mme Reboux, Mme Nicquet, puis toute la famille. Alors, je me suis enfui, j'ai été me débarbouiller à la pompe, et l'on m'a fait entrer dans la salle à manger.

Là, il a fallu raconter tout ce que je savais et répondre à toutes les questions sur les incendies, sur les morts et les blessés, sur le capitaine Nicquet, sur Reboux-le-Pointeur, et bien d'autres choses encore. Ces pauvres femmes, qui étaient renfermées dans cette grande maison depuis deux jours, sans avoir de communication avec personne, ne savaient rien de rien ; aussi, je peux dire que jamais de ma vie je n'avais été autant caressé et cajolé. Quand j'eus dit que ces gueux de Kaiserlicks étaient sens dessus dessous et qu'on allait les voir déguerpir grand train sans regarder derrière eux, il y eut des exclamations sans fin, des cris de joie, des bravos étourdissants : on ne s'entendait plus.

— Mais alors, pourquoi cette épouvantable canonnade? demanda Mme Nicquet d'un air de doute.

— Ça, faut pas vous en effrayer ; c'est Reboux qui les reconduit.

— Que tu dois être fatigué, mon pauvre fieu ! me dit ma mère.

— Tu dois avoir faim aussi? ajouta Victoire en me regardant.

— Oui, je suis fatigué et j'ai faim ; voilà plus de vingt-quatre heures que je suis à vide !

Et moins de dix minutes après, j'étais dans un bon fauteuil bien rembourré, assis vis-à-vis d'un gros pâté de viande et d'une vieille bouteille de vin, et servi par ma mère et par Victoire. Ah ! le bon repas ! ah ! la bonne journée ! J'ai fait le paresseux pendant tout le jour, et j'ai passé la nuit sur un gros matelas. Un voisin a eu beau venir dire, sur les huit heures, que les citoyens députés de la Convention, Delmas, Duhem, Bellegarde, Duquesnoy, Daoûts et Doulcet, arrivaient par la porte de Dunkerque pour secourir les Lillois et partager leurs dangers, je les ai laissé entrer tout seuls et je suis resté chez M. Degand, où je me trouvais si heureux et si douillettement traité.

XI

Le 6 Octobre 1792.

Il y avait dans la maison de M. Degand, comme chez la plupart des gros bourgeois de l'époque, un grand et large escalier à paliers et à rampe de fer découpé qui menait à un vaste corridor carré sur lequel s'ouvraient les chambres du premier étage ; c'était là qu'on avait préparé un bon matelas de laine pour mon usage particulier. Quand chacun fut entré dans sa chambre, mon tour vint de me coucher ; mais à ce moment, je fus saisi d'un grand embarras. En ces temps-là, nous n'étions pas comme les jeunes gens d'aujourd'hui qui ne respectent plus la pudeur des femmes et qui font entendre sans rougir des paroles blessantes pour l'honnêteté : il me paraissait malséant de me dévêtir dans un lieu que les uns et les autres pouvaient traverser sans crier gare, et d'un autre côté, j'avais tout à fait besoin de repos; de sorte que je regardais tour à tour cet appétissant matelas et ces draps en toile de Hollande, qui me promettaient un si délicieux sommeil, et la porte derrière laquelle j'entendais rire et jacasser Victoire et les demoiselles Nicquet, et ma perplexité augmentait au lieu de diminuer.

— Tu ne peux pas te déshabiller ici, Louis, me dis-je enfin ; ça, c'est impossible. Tire tes bottes, mon garçon, et étends-toi là-dessus tout vêtu, ou bien va-t-en coucher sur un tas de foin dans le grenier !

Alors, comme j'aimais bien mieux la toile de Hollande que la toile d'araignée, et comme je voulais surtout rester près de Victoire, j'ai soufflé ma lanterne et je me suis glissé sur mon matelas en faisant le moins de bruit possible.

Le matin, au petit jour, après un gras sommeil de neuf heures, le miaulement d'une porte qu'on ouvrait avec lenteur m'a réveillé; sans bouger, j'ai risqué un œil : c'était Angélique, la ménagère, qui descendait à sa cuisine en se frottant les yeux. Quand elle eut disparu dans l'escalier, je me soulevai sur le coude ; mollement appuyé sur mon oreiller, je me mis à songer à l'avenir qui m'apparaissait désormais plus réjouissant, et, en récapitulant les événements accomplis, je pensais au fond de mon cœur :

— Maintenant que le péril est passé et que les choses vont rentrer dans l'ordre ordinaire, maintenant que la patrie n'a plus besoin de tes services, Louis, personne ne trouvera mauvais que tu songes un peu à tes affaires privées. Tu peux même dire que à quelque chose malheur est bon, car, si les Kaiserlicks n'étaient pas venus saccager la bonne ville de Lille, ta vaillance serait demeurée dans les mystères de l'inconnu, et Mme Reboux te considérerait encore à l'heure qu'il est comme un mioche sans conséquence ; or, tes brillants faits d'armes ont singulièrement applani les choses entre Victoire et toi, c'est là une de ces vérités qui sautent aux yeux! L'ennemi parti, on va rebâtir les maisons qui sont actuellement en miettes, et dans le nombre il ne serait pas extraordinaire qu'il s'en trouvât une petite pour toi. Tu marches sur tes vingt ans, Victoire en a dix-huit; *le Pointeur* n'est pas sans avoir, comme on dit, du foin dans ses bottes, et toi, tu commences à connaître les malices et finesses du métier de filtier... En mettant les choses au pis, tu seras marié viennent les *bruants*, et alors, tonnerre ! le citoyen Capet lui-même ne sera pas ton cousin !

En ce moment, j'entendis remuer dans la chambre des fillettes ; je retins ma respiration... mon cœur dansait la carmagnole au fond de ma poitrine... Mais ce fut bien pis encore quand, ouvrant sa porte, Victoire, Victoire ma bien-aimée, pieds nus et à peine vêtue, s'avança, tenant sur son épaule une cruche de grès qu'elle allait remplir à la fontaine du corridor : on aurait dit Rebecca, la fiancée d'Isaac.

Elle avait oublié que je dormais tout auprès, car au moment où je me dressai sur mes jambes, elle recula en jetant un petit cri d'effroi; puis, en me reconnaissant, elle se mit à rire et rougit : ses longs cheveux flottants tombaient un peu en désordre sur ses épaules rondes et veloutées; son bras droit, levé pour soutenir son vase, maintenait d'un côté les plis de son vêtement, mais sur l'autre, abaissé pour relever sa jupe, la courte manche de sa chemise dénouée avait glissé jusqu'au coude et laissait à découvert son sein, blanc et rose comme un verger au printemps.

J'avais vu tout cela d'un coup-d'œil et j'en étais à la fois comme ravi en extase et atterré : mes genoux s'entrechoquaient, je ne pensais plus à rien, mes oreilles bourdonnaient, et j'avais baissé les yeux, n'osant plus les relever et sentant mon visage rouge comme du feu. J'avais envie de demander pardon à Victoire, de lui dire que ce n'était pas de ma faute ; mais ma gorge était si serrée que mes paroles ne pouvaient pas passer. Elle, plus avisée, se remit de suite et me dit de sa voix affectueuse en s'approchant de moi :

— Allons, Louis, tu es un honnête garçon, et tu seras

un bon mari. N'aie crainte et embrasse-moi comme un vrai fiancé a le droit de baiser sa promise !

Alors je suis redevenu calme, aussi subitement que par magie, et je l'ai baisée au front en lui répondant :

—Et toi, Victoire, tu seras toujours une bonne et brave femme. Je t'aime!

Et, ayant rempli sa cruche, Victoire rentra dans sa chambre pendant que je me disais, en la suivant des yeux et du cœur :

— Non, en vérité, le citoyen Capet ne sera pas ton cousin !

Après le déjeûner, Mme Reboux m'a pris à part :

— Voilà cinq jours et cinq nuits que Reboux n'a quitté les remparts, mon fieu, et depuis le premier coup de canon il n'a pas dormi une seule fois dans un lit ni mangé à une table ; je me brûle le sang à le savoir ainsi sans pouvoir lui apporter les soulagements et les secours dont il a besoin. Toi, qui es un homme — et un fameux, — et qui vas devenir son fils, s'il plaît à Dieu, tu peux me donner une grande satisfaction : prends ce panier ; il y a dedans hardes, linge, viande et vin, c'est à dire tout ce qu'il faut pour réconforter un brave patriote. Va, mon fieu, et rapporte-nous bientôt des nouvelles !

Ainsi parla cette excellente femme, dont le fonds était aussi compatissant que ses dehors étaient rudes. Puis vint ma mère, qui me chargea pour le sergent Filtier d'une commission à peu près pareille, de sorte que, avec un panier à chaque bras, j'étais chargé comme la bourrique à saint Nicolas, et je partis gaîment en disant tout bas à Victoire d'un ton significatif :

— Tout ça, c'est pour tes deux pères, Victoire !

Dans les rues, les choses avaient bien changé de figure : la sombre tristesse, le désespoir avaient fait place à la joie de la délivrance : les bourgeois ouvraient leurs volets comme avant le bombardement, les commères caquetaient sur leurs portes et les enfants jouaient sur les *burguets* comme au bon temps ; en un mot, la ville ressuscitait.

La canonnade continuait cependant, mais je reconnaissais la voix des batteries françaises et le sourd tonnerre des mortiers du Réduit ; de temps en temps j'entendais bien, comme un écho lointain, quelques coups venant des tranchées ennemies, mais c'était un feu si débile et si mal nourri, qu'il aurait fallu être idiot pour ne pas comprendre que les Kaiserlicks n'avaient plus de cœur à l'ouvrage.

Le sergent Filtier était toujours sur le rempart des Buisses. *Grosse-Marie* ne disait rien pour le moment ; elle passait silencieusement sa gueule par l'embrasure comme pour regarder curieusement la déroute de ses adversaires. Mon père, étendu sur des sacs vides, dormait, la tête appuyée sur l'affût de sa pièce, et paraissait jouir d'une si grande béatitude que j'hésitai à l'éveiller.

— Mets là ton panier, me dit le caporal Morel qui fumait sa pipe tranquillement assis sur le revers du parapet, Filtier le trouvera à son réveil et nous fricoterons ensemble tout à l'heure; il n'est pas trop tôt : nous avons déjà mangé les tiges de nos bottes !

Je déposai la moitié de ma charge et je me mis en route pour le Réduit. Mais là, je fus pris tout à coup d'une grande terreur : j'eus beau parcourir toute la ligne de défense, je n'aperçus pas Reboux, et l'idée me vint qu'il était mort sur la brêche comme tant de valeureux citoyens. Alors je demandai en tremblant au canonnier Mathon s'il n'avait pas vu *le Pointeur* :

— Si fait, me répondit-il ; il a accompagné son ami Demaline, qui a reçu un mauvais coup. Ils doivent être chez M. Dathis, tiens, là-bas, à cette grande maison grise.

Il me montra une haute bâtisse qu'on distinguait au-delà des démolitions, vers le quartier des Malades, et je repris ma course, l'esprit soulagé.

C'était dans la rue du Molinel qu'habitait M. Dathis, le marchand de toile, et l'on peut dire que c'était grand hasard que sa maison fut restée debout à peu près entière ; car, avec ses quatre étages surmontés d'une plate-forme, c'était une des plus hautes constructions du pays, et, aussi loin qu'on pouvait voir, toutes ses voisines étaient par terre. On y avait transporté les blessés du

Réduit, attendu que c'était la plus proche habitation qui renfermât encore des êtres vivants.

Par la porte toute grande ouverte, on distinguait ce qui se passait dans l'intérieur, et l'on pouvait constater qu'il régnait dans les salles basses une remarquable activité : on avait dressé des lits dans les salons et dans les magasins ; des citoyennes de bonne volonté y soignaient les éclopés, faisaient de la charpie ou préparaient des breuvages. Reboux était là, près du citoyen Demaline, qui était blessé à la tête d'un éclat de pierre, et qu'on avait étendu sur une paillasse posée à la hâte sur une pile de toiles. Malgré ses innombrables fatigues et privations, *le Pointeur* n'était nullement changé, sa figure osseuse et calme ne portait aucune trace d'accablement; il était exactement tel que je l'avais quitté six jours auparavant : il semblait que rien n'eût été modifié dans ses habitudes. Je lui remis le paquet qu'il déposa sur une chaise, dans un coin, sans y prêter grande attention, et, comme je le voyais si affairé autour de son ami qu'il répondait à mes questions de l'air d'un homme qui voudrait bien qu'on le laissât tranquille, je me disposai à aller joindre mon capitaine, avec lequel les événements imprévus m'avaient depuis trop longtemps empêché de communiquer.

Je traversais le vestibule pour m'en aller, au moment même où le citoyen Dathis, accompagné des colonels Clarenthal, Tory, Baillot et d'autres personnages que je ne connaissais pas (j'ai su depuis que c'étaient les députés Delmas, Doulcet et Duhem) descendaient des hauts étages. Avec eux était François Verly, le fils du médecin, qui venait de dresser, pour l'envoyer à la Convention, avec le rapport des délégués, le plan général des ruines de la ville. Ce citoyen était architecte de son état, bon vivant, toujours prêt à rire et à se moquer des autres, et je le connaissais un peu, par la raison qu'il venait assez souvent chez les Nicquet.

— Bonjour, petit, me dit-il. Eh bien ! voilà ton apprentissage fini, car il paraît que tu es passé maître dans l'art de donner aux gens du fil à retordre !

Et comme je ne savais que répondre, parce que avec ce diable d'homme on ne devinait jamais si les paroles étaient miel ou vinaigre, il ajouta :

— Oui, oui, Pottier m'en a touché deux mots ; il paraît que tu es un fieffé luron ! Allons, viens avec moi, tu m'aideras à porter mes cartons.

— Je voudrais bien, M. Verly, mais c'est que je dois aller rejoindre M. Nicquet au bastion de droite.

— Je vais aussi de ce côté-là.

Alors, il m'a passé un de ses grands portefeuilles et nous sommes partis par la rue du Dragon et la rue du Vieux-Marché-aux-Moutons.

C'est là, que nous fûmes témoins d'un spectacle extraordinaire, qui restera dans la mémoire des peuples comme un monument spécial du patriotisme des Lillois.

Maes, le barbier, n'avait réussi à sauver des débris de sa demeure que ses rasoirs et sa savonnette, et depuis lors il errait par les rues, comme une âme en peine, cherchant obstinément un menton complaisant qui consentit à se laisser raser : mais les mentons avaient bien d'autres soucis. Ce matin-là, à la faveur de la défaite des ennemis, il était venu, comme beaucoup d'autres, revoir sa pauvre maison démolie, et s'était assis mélancoliquement sur les décombres en méditant de la fragilité des choses humaines et de la vaisselle en particulier. Il était plongé dans ses tristes réflexions, lorsqu'une bombe tomba presqu'à ses pieds et éclata en culbutant par ci par là quelques pans de murailles. La secousse le renversa, mais par miracle il put se relever sans une écorchure.

— Voilà mon affaire, dit-il en époussetant tranquillement sa culotte ; oh là ! citoyens, voilà le *plat-à-barbe des vrais Lillois !* En avant, les patriotes, et vive la Nation !

Un appel aussi patriotique fit tressaillir tous les mentons, et en un clin-d'œil les pratiques abondèrent : sans débrider, une trentaine de bourgeois se vinrent faire raser dans le cul de la bombe.

Et maître Maes était dans l'exercice de ses recommandables fonctions quand nous arrivâmes sur les lieux.

— Prête-moi ton dos, Filtier, me dit l'architecte.

— Allez-y, citoyen !

Je me mis à quatre pattes, et M. Verly se mit à dessiner sur moi comme sur une table. J'ai revu bien des fois depuis cette esquisse du vieux temps : elle est au Musée Wicar, et, quand je la regarde, je reconnais et je me rappelle encore tous les personnages de cette scène étrange, jusqu'à Sot-Cailleau qui gambadait derrière le barbier.

Quand il n'y eut plus de barbes à tailler dans le voisinage, Maes s'en alla avec sa bombe parcourir les autres quartiers et je suis sûr et certain que ce jour-là il tomba dans sa poche une lourde pluie de *doubles* et de *patars*.

Au coin de la rue de l'Abbiette, l'architecte tira à gauche, moi je partis à droite ; il était environ onze heures du matin.

Je retrouvai le capitaine Nicquet se trémoussant sur son bastion, aussi noir, aussi affairé, aussi subtil et aussi vivace que jamais. Après tout, la chose ne m'étonna pas beaucoup, car il était si long et si sec qu'il aurait pu passer dans une averse entre les gouttes de pluie, à plus forte raison avait-il dû échapper aux boulets. Je remarquai cependant que l'écouvillon, qui frétillait toujours dans sa main droite, avait perdu sa brosse : la tête avait été emportée par un éclat d'obus, ce qui prouvait que celle du capitaine l'avait échappée belle.

Mais tout le monde n'avait pas l'avantage d'avoir à sa disposition une carcasse infernale comme celle de mon respectable patron, et les canonniers, brisés, exténués, à moitié morts, avaient peine à se tenir debout et semblaient à tout instant près de rouler sous leurs affûts. M. Nicquet courait de l'un à l'autre, comme un chien de berger autour de ses moutons, les exhortant, les encourageant, tantôt avec des supplications et des prières, tantôt avec des jurons et des malédictions :

— Allons, Dubrusle, Fabre, Destombes! allons, courage! encore un caisson à vider, mes enfants, et tout sera dit!... Ah! gueux de Kaiserlicks, vous avez voulu manger du Lillois, mais, tonnerre de Dieu! vous n'avez pas les dents assez dures!... Franchomme, je t'en supplie, réveille-toi; tiens, bois un coup, ça te remettra!.. Vernier, encore dix gargousses, rien que dix gargousses!... Regarde-moi ces couards de Kaiserlicks: ils caponnent, mon ami, je te dis qu'ils caponnent; demain ils seront tous au diable ou à Tournai!

Et il s'agitait tant et si bien que, malgré tout, le feu de la batterie ne ralentissait pas. De temps en temps, un canonnier allait se tremper la tête dans un baquet d'eau pour noyer le sommeil et la fatigue, puis retournait à sa pièce sans murmurer. Ah! c'étaient là de vrais citoyens!

— Ah! te voilà, petit! s'écria le capitaine en me voyant débusquer à gauche du revêtement. Eh bien! tu vas nous donner un coup de main : aux derniers les bons! Comment vont-ils là-bas? ajouta-t-il tout bas.

— Tout va bien. J'en viens; on est en joie et on vous attend.

— J'irai demain. Mets-toi aux caissons pour soulager et soutenir ces braves qui crèvent à la peine !

L'ennemi ne répondait plus à notre tir que par quelques pauvres décharges de loin en loin : encore, n'ayant plus de projectiles, fut-il obligé de fourrer dans ses canons des pierres, des lingots de plomb, les chaînes des barrières et même les poids de l'horloge de l'église de Fives, ainsi qu'on le constata par la suite en les retrouvant dans les rues de la ville ou enfoncés dans les murs des maisons. Vers le soir, il devint aussi muet qu'un poisson. La nuit tomba peu à peu en confondant toute la plaine dans une égale obscurité, de sorte que, n'étant plus guidés par la flamme des retranchements, nous ne tirions plus qu au juger, mais sans cependant arrêter le service.

— Hardi ! hardi ! allume ! feu ! hurlait le capitaine qui, avec son visage peinturluré, son grand nez crochu, ses yeux flamboyant derrière ses sourcils et son écouvillon pirouettant, semblait, vu à la lueur des mèches, être Belzébuth en personne armé de sa grande fourche. Allez-y, sang-Dieu ! allez-y, tonnerre ! Feu ! feu ! Un galop d'enfer pour la fin de la danse ! c'est l'Autriche qui paie la musique !

XII

Les 7 et 8 Octobre 1792.

A minuit, un aide-de-champ du général Ruault apporta l'ordre de cesser le feu. L'ennemi était en pleine retraite.

On plaça les sentinelles, on alluma un feu de bivouac au pied de la contrescarpe et chacun se vint étendre sur le gazon avec empressement et satisfaction.

A cinq heures du matin, de nouvelles instructions arrivèrent : le colonel Bourdeville allait tenter une reconnaissance vers les tranchées, et on comptait sur les batteries du *Petit-Pâté*, du bastion de droite et du *Réduit* pour protéger le mouvement. L'opération était délicate ; il s'agissait d'ouvrir l'œil et de veiller au grain. Une décharge simultanée des trois forts devait précéder la sortie, comme pour dire à l'ennemi, si toutefois il en restait encore dans les retranchements :

— Nous sommes toujours là, prêts à te tomber dessus si tu bronches !

On chargea des pièces, et mèches levées on attendit ; le capitaine Nicquet regardait fixement le rempart. A sept heures juste, un guidon rouge apparut sur le parapet :

— Feu !

La terre trembla, on entendit un vacarme assourdissant comme cent mille coups de tonnerre, puis plus rien...Les canons avaient toussé pour la dernière fois.

Sur les dix heures, un corps composé de détachements des 19e et 87e régiments d'infanterie défila de la porte et se divisa en deux colonnes ; le 19e alla prendre position au *Petit-Pâté*, le 87e s'avança de notre côté : ils venaient relever les canonniers. Alors il y eut grande joie sur le bastion, car chacun comprenait que ce changement était la preuve évidente de la fuite des Autrichiens. On a formé les rangs et, M. Nicquet en tête, on est parti par le flanc gauche en criant : « Vive la Nation ! » A la chaussée, nous avons été rejoints par le corps de M. Ovigneur qui, comme nous, regagnait la ville. Les deux capitaines se sont embrassés comme deux vrais amis, deux vaillants frères d'armes qu'ils étaient, et les canonniers ont imité leur exemple. Ces généreux patriotes étaient tout à leur félicité, ne pensaient qu'à la délivrance qui était leur ouvrage, à la Patrie qu'ils venaient de sauver de la griffe étrangère... Mais moi, en considérant leurs visages animés, je me disais intérieurement :

— On rit maintenant, tout à l'heure on pleurera. Les canonniers Nicquet ne connaissent pas les pertes des canonniers Ovigneur et réciproquement, et tous les deux ignorent les dégats intérieurs, voilà pourquoi ils sont dans l'allégresse ; mais, bientot il y aura un dur moment à passer... Gare l'appel !

Dans la ville, ce fut un vrai triomphe, comparable à ceux des anciens Romains que j'ai ouï raconter : le peuple, désormais libre, remplissait les rues, couvrait les décombres d'un flot vivant, et acclamait les canonniers avec frénésie. Les deux capitaines furent saisis, hissés sur les épaules et portés triomphalement jusque sur la Grand'-Place, aux accents de *la Marseillaise*. Les tyrans qui auraient vu ces choses en auraient frémi d'épouvante.

L'hôtel des Canonniers lillois avait péri dans le désastre, il n'y restait plus pierre sur pierre ; on s'aligna donc sur la place, où se trouvaient déjà les autres détachements, et on fit l'appel. Alors seulement chacun apprit lourdement ce que coûte la gloire : pas une plainte ne se fit entendre, mais le sombre silence qui suivait le nom des absents et le ton lugubre de la voix de M. Nicquet qui répondait chaque fois « Mort au champ d'honneur! » étaient plus significatifs et plus funèbres que des lamentations. Parfois aussi, on entendait un sanglot ou un cri de femme dans la multitude qui nous entourait : c'étaient les proches des défunts, père, fils, frère, mère ou femme, qui apprenaient tout à coup, sans préparation, la brutale et mortelle vérité.

. . . .

Le soleil du lendemain éclaira encore une scène mémorable que l'histoire du pays enregistrera soigneusement pour l'édification des générations futures.

Le bruit se répandit, dans la matinée, que le général Champmorin, à la tête de cohortes imposantes, allait sortir par la porte de Fives pour faire main-basse sur les tranchées autrichiennes; aussitôt le peuple s'ébranla, les rues s'emplirent de gens armés; hommes, femmes, enfants, tout le monde, sortirent des maisons et se pressèrent autour des *burguets* du haut desquels les citoyens les plus éloquents haranguaient l'assemblée, en rappelant la rage sanguinaire des tyrans et de leurs mercenaires, leurs brigandages dans les campagnes inoffensives, l'acharnement qu'ils avaient déployé durant le siége, la honte et l'exécration de l'univers civilisé qui les poursuivaient jusque dans leur fuite, le triomphe de la liberté, et autres choses magnanimes propres à exciter l'enthousiasme.

Alors la population s'est précipitée en masse, comme un torrent, vers la rue de l'Abbiette, et a débordé dans la campagne qu'elle a inondée jusqu'aux retranchements de l'ennemi ; là a commencé le branlebas : il y avait trente mille voix qui chantaient *la Marseillaise*, trente mille démolisseurs acharnés contre ces fossés et ces escarpes, trente mille citoyens qui vengeaient à coups de pioche la ruine ou la mort de leurs maisons et de leurs familles. Voilà pourquoi le voyageur qui serait passé, à quelques jours de là, à travers le faubourg de Fives, aurait eu beau s'écarquiller les yeux : il aurait bien vu les maisons et les arbres rasés, bouleversés, emiettés par nos batteries, mais de camp retranché—pas plus que sur ma main !

Je vous raconte ces derniers événements bien que je n'en aie pas été témoin de ma personne. Je les tiens de la bouche même de ceux qui ont renversé de leurs mains les travaux des Kaiserlicks et qui ont ramené, comme un trophée victorieux, le mortier fracassé que l'on voit encore de nos jours au nouvel hôtel des Canonniers lillois.

Vous pensez bien que j'avais de bonnes raisons pour profiter largement de l'hospitalité de M. Degand ; car, sans parler de la joie que nous éprouvions à nous retrouver ensemble tous au complet sans avoir laissé ni pied ni patte à droite ou à gauche, j'avais moins que jamais le cœur de quitter Victoire, et je la suivais dans ses allées et venues, ne la perdant jamais de vue,—tant et si bien que Mme Reboux avait déjà dit en parlant de nous :

— C'est saint Roch et son chien !

Je n'étais pas sans comprendre, en les entendant rire, que c'était moi qu'on regardait comme le chien ; mais je ne m'en fâchais pas, au contraire ; d'ailleurs, le chien est un brave et fidèle animal que je n'ai jamais méprisé. Et je continuais à me mettre en quatre pour tâcher d'être utile à Victoire ; j'aurais tout fait pour lui éviter peine, ennui ou fatigue.... Elle le voyait bien, la chère fille, m'en récompensait d'un bon regard, et parfois, quand nous étions seuls, elle me prenait la tête à deux mains et m'embrassait en disant :

—Mon pauvre Louis, tu es aimant comme une femme... mais, va, je te rendrai heureux !

Quand nous nous sommes mariés, à la fin décembre, M. Nicquet, en mémoire de mes exploits, m'a donné pour cadeau de noces un métier à retordre le fil, de sorte que, à partir de ce jour, j'ai travaillé pour mon compte dans notre maison, près de Victoire qui faisait sauter ses *broquelets* sur son carreau à dentelle. Reboux-le-Pointeur s'est fait marchand de drap sur la Petite-Place, le père Filtier est resté épicier comme devant, et toute chose eût prospéré dans la paix et dans la concorde, sans la bêtise et la méchanceté des hommes, lesquelles menacent sérieusement de se perpétuer à travers les siècles des siècles jusqu'à la fin du monde. »

Louis Filtier, ayant prononcé d'un accent plein d'amertume ces dernières paroles qui renfermaient, sans aucun doute, une allusion à des événements douloureux pour lui, se leva en silence, serra sans mot dire la main que je lui tendais, et s'éloignait à pas lents, lorsqu'un des enfants, auditeur attentif de son histoire et curieux des minuties de détail comme on l'est généralement à cet âge, lança cette question avant que nous ayons pu lui imposer silence :

— Mais, Monsieur, *Filtier* n'est pas un nom, c'est un sobriquet ; comment vous appelez-vous donc?

Le vieux canonnier se retourna brusquement sur le seuil et répondit fièrement d'une voix grave et sonore :

— Je m'appelle LE PEUPLE !

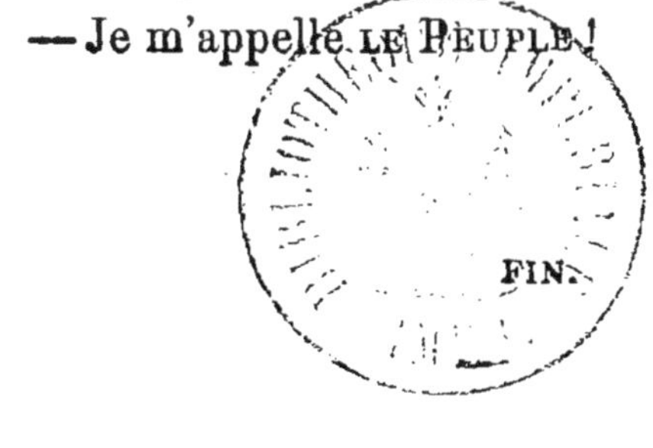

FIN.

TABLE.

Lille. — Imprimerie Mme Bayart, place de Rihour, 11.

www.ingramcontent.com/pod-product-compliance
Ingram Content Group UK Ltd.
Pitfield, Milton Keynes, MK11 3LW, UK
UKHW012220240726
13966UKWH00003B/870

9 782012 475977